Claudia Drescher

Zwickau

Kennste Zwigge?!

Geschichten & Anekdoten

Bildnachweis

Cover: Der Zwickauer Hauptmarkt mit Blick auf den Dom St. Marien im Jahr 1972. (Lichtbildverlag Schinke KG, Zeitz / Stadtarchiv Zwickau) Julius Tannert: S. 6; Claudia Drescher: S. 11, 22, 74, 78; Abdul Rahman Takleh: S. 13; Klaus Morgenstern / Stadtarchiv Zwickau: S. 16, 34, 49; privat / Familie Baumann: S. 19; Lichtbild-Schincke KG, Zeitz / Stadtarchiv Zwickau: S. 25; © 2021 Pechstein Hamburg / Tökendorf: S. 28; Foto-Atelier Lorenz, Zschorlau / Kunstsammlungen Zwickau: S. 32; August Horch Museum Zwickau: S. 39; Liederbuch Zwickau e.V.: S. 44; Repro: Villa Mocc: S. 52; privat / Thomas Synofzik: S. 59; Atelier 1470: S. 66; Steinkohlenbergbauverein Zwickau e.V. : S. 71

Quellen

Angelika Michaelis: Meine bunte Stadt, 2018; Ute Schmidt und Steffi Haupt: Zwickau – so wie es war, 1992; Norbert Peschke: 130 Jahre Grubenlampen- und Akkumulatorenfertigung in Zwickau – Geschichte der Firma Friedmann & Wolf und ihrer Nachfolger, 2014; Ute Bär: … und denke an mein theures Zwickau. Robert Schumanns Kindheit und Jugend, 2009; Günter Behnert: Die Schachtziege, 1999; August Horch: Ich baute Autos. Vom Schmiedelehrling zum Auto-Industriellen, 2003

Danksagung

Ein herzliches Dankeschön an alle Gesprächspartnerinnen und Gesprächspartner, die mir ihre Geschichten, Gedanken, Erinnerungen und Erlebnisse anvertraut haben. Ob direkt mit den Rosins gleich um die Ecke am Georgenplatz oder mit den Brüdern Bitoun per Videoanruf in die Schweiz: Mit meinem Anliegen stieß ich ausnahmslos bei allen Gefragten auf offene Ohren. Das ist nicht selbstverständlich – umso glücklicher bin ich über das Ergebnis.
Mein Dank geht auch an das Team des Stadtarchivs, das mich trotz coronabedingter Einschränkungen ganz wunderbar bei der Fotoauswahl unterstützt hat. Meiner Familie und drei engen Freundinnen möchte ich ebenfalls danken. Ihr habt euch Zeit für mein Projekt genommen, habt mir alle zusammen wertvolle Ratschläge und Hinweise gegeben und damit auch gleich noch den nötigen Rückenwind.

1. Auflage 2021

Layout: Da Forma Agentur für Gestaltung, Gudensberg
Satz: Schneider Professionell Design, Schlüchtern-Elm
Druck: Rindt Druck, Fulda
Buchbinderische Verarbeitung: Buchbinderei S. R. Büge, Celle

34281 Gudensberg-Gleichen, Im Wiesental 1
Tel. 0 56 03 - 9 30 50 www.wartberg-verlag.de
ISBN 978-3-8313-3365-3

Inhalt

Vorwort

Ein Buch über „mein" Zwickau. Was kann, was möchte ich über diese Stadt erzählen? Welche Geschichten hat meine Heimat zu bieten?
Klare Antwort: Jede Menge! In den Jahren als Journalistin sind mir so viele interessante Menschen und spannende Geschichten begegnet – die gehören einfach in ein Buch! Da sind große Namen wie Pechstein, Schumann oder Horch, die fassbar werden, wenn ein Enkel, ein Musikwissenschaftler oder ein Museumsführer einen ganz persönlichen Einblick in das Leben dieser namhaften Zwickauer geben.
Seit ich schreibe, waren es aber auch immer die kleinen Anekdoten und Erinnerungen ohne Weltrang, denen ich gern zugehört, die ich gern mit meinen Worten wiedergegeben habe. Wenn ein Neuplanitzer über seine Kindheit zwischen nach frischem Beton riechenden Neubauten erzählt und über den riesigen Abenteuerspielplatz ins Schwärmen kommt. Wenn man das Glitzern und den Stolz in den Augen der einstigen Bergmänner sieht, während sie alte Schachtergeschichten zum Besten geben. Wenn man herzhaft lachen muss bei der Schilderung, wie sich Trabi-Ersatzteile von Zwickau aus in die Welt aufmachen.
Dieses Buch ist mein ganz eigener Blick auf Zwickau, das ich während der Arbeit an diesen Seiten neu zu schätzen gelernt habe. Und nicht nur das: Man bildet sich ja immer ein, man kenne „seine" Stadt. Tatsächlich hat mich Zwickau an vielen Stellen überrascht und ich würde mich sehr freuen, wenn diesem Buch genau das auch bei Ihnen gelingt. Viel Vergnügen beim Lesen und (Neu-)Entdecken!

Herzlichst Claudia Drescher

Würstchen mit Senf oder Ketchup – und einen Schwatz dazu

Jeden Tag steht er verlässlich an derselben Stelle. Baut den kleinen Verkaufsstand auf, dazu einen großen Sonnenschirm, der auch bei Regen gute Dienste leistet. Vor sich den großen Brötchenkorb und den blank polierten Kessel, die Würstchenzange griffbereit, wartet er ab kurz nach acht auf Kundschaft.
Der Stand ist wenig aufsehenerregend. Eine große Werbetafel sucht man ebenso vergebens wie außergewöhnliche Wurstkreationen mit abenteuerlichen Namen. Das Angebot ist stattdessen überschaubar, mancher würde vielleicht sagen gewöhnlich: Bockwurst, Wiener, Bauernwurst, Riesen-Käseknacker, Weißwurst, wer's mag. Dazu eine halbe Doppelte, Ketchup und Senf, gern auch beides.
Seit mittlerweile 30 Jahren steht der Zwickauer Würstelmann am Georgenplatz. Die Würstelmänner müsste es genau genommen längst heißen, denn inzwischen hat Egbert Rosin den Staffelstab an seinen Sohn übergeben. Nun ist es Thomas, der sich jeden Morgen von Montag bis Freitag in Mylau in den weißen Transporter mit der Aufschrift „Original Zwickauer Würstelmann" setzt, überprüft, ob er alles an Bord hat, und nach Zwickau fährt. Mit offenem Gesicht, rund um die Uhr mit einem Lächeln darauf, auf dem Kopf eine lustige bunte Kappe – so kennen die Zwickauer ihren Würstelmann vom Georgenplatz. Sohn Thomas verzichtet zwar lieber auf die auffällige Kopfbedeckung, mit der sein Vater jahrelang schon von Weitem zu erkennen war. Aber aus seinen blauen Augen spricht dieselbe vogtländische Herzlichkeit.
Die Rosins haben nie den Standort gewechselt, haben nie andere Würste verkauft. Und während sie manche Dönerbude, man-

chen Rosterstand und Dutzende Geschäfte in all der Zeit haben kommen und gehen sehen, sind sie geblieben. Es kann nicht nur am Essen liegen. „Naja, das ist schon mehr als Würstchen verkaufen, unterhalten gehört einfach dazu“, meint der Senior-Würstelmann und zuckt mit den Schultern. Egbert Rosin entlässt keinen seiner Kunden ohne ein nettes Wort, ohne einen kleinen Schwatz. Er mag nur Würstchen verkaufen, doch für das Geld bekommen die Zwickauer bei ihm ein freundliches Gespräch mit nach Hause. Er kennt die Vorlieben seiner Stammkunden, weiß, an welchen Tagen sie zu ihm kommen, fragt nach, wie die OP im Krankenhaus gelaufen ist, was die Kinder machen, wie es in der Schule war, die gleich hinter dem Rücken des Würstelmanns in der angrenzenden Georgenstraße steht.
Kaum einer geht am Stand vorbei ohne einen Gruß. „Wir sind eben keine anonyme Würstchenbude. Über die Jahre kennt man die Menschen, die immer wieder zu uns kommen. Hier und da kleine Geschichten aus ihrem Leben mit uns teilen, uns an

Egbert und Thomas Rosin im Jahr 2010 – sie sind die Würstelmänner vom Georgenplatz.

den lustigen und den traurigen Momenten teilhaben lassen", sagt Thomas Rosin. Gerade hat ihm ein Stammkunde vom Jobwechsel berichtet. Der Würstelmann wünscht viel Glück für den ersten Arbeitstag. „Alles verändert sich, außer das hier", ruft der Mittvierziger im Gehen und hält die Wiener mit Senf im Brötchen mit einem Nicken zum Abschied in die Höhe.

Kurz darauf tritt eine ältere Dame an den Verkaufsstand, verlangt nach einer kalten Bockwurst zum Mitnehmen. „Hätten Sie auch eine Semmel dazu?", fragt sie zurückhaltend. „Selbstverständlich", lautet die herzliche Antwort von Thomas Rosin. Es entspinnt sich ein kurzes Gespräch über Gesundheit und Krankheit, über die gute alte Zeit. Und wieder einmal bekommt der Würstelmann einen kleinen Einblick in ein fremdes Leben, das ihm nach dem Schwatz nicht mehr ganz so fremd ist. Nur Minuten später hält ein Taxifahrer, grüßt kurz, bestellt wie üblich sein Paar Wiener. Längst ist man beim Du.

„Was mich immer wieder sehr bewegt: Wenn Kunden mit ihren Kindern zu uns kommen und dann erzählen, dass sie selbst schon als Kinder bei uns Würstchen gegessen haben. Da heißt es dann öfter mal: ‚Mensch, ich bin hier vor 20 Jahren zur Schule gegangen und ihr seid immer noch da.' Das sind schöne Momente, die mich tief beeindrucken. Jedes Mal aufs Neue."

Brötchen und Würstchen sind aus regionaler Herstellung, der Ketchup ebenso ein Ossi wie der Bautz'ner Senf. „Regionalität ist uns immer wichtig gewesen. Die Semmeln holen wir bei einem Zwickauer Bäcker, die Würstchen bei uns im Vogtland", erzählt Thomas Rosin. Eigentlich ist er ja häufiger in Zwickau anzutreffen als im heimischen Mylau, muss er grinsend zugeben, während er ein ums andere Mal freundlich in die Runde grüßt. Der Georgenplatz als Eingang zur Stadt, als Dreh- und Angelpunkt durch Straßenbahn- und Bushaltestelle ist daher längst vertrautes Gelände, dessen Gesicht sich aber stetig wandelt. „Gerade in den 90ern war hier ja noch eine völlig andere Stimmung, eine Aufbruchsstimmung. Auf dem Georgenplatz hat das Leben getobt, es gab zahlreiche Veranstaltungen, Demos. Es war eigentlich immer etwas los."

Vater Egbert hatte sich kurz nach der Wende in den Kopf gesetzt, der Zwickauer Würstelmann zu werden. Das ist er geworden, auch weil er all die Jahre verlässlich am Georgenplatz anzutreffen war. Dennoch sehen Vater und Sohn ihren Standort mittlerweile mit zwiespältigen Gefühlen. „Attraktiv ist der Platz nicht mehr, keine Blumen, immer weniger Leute." Doch mit dem Stand umziehen? Kommt auch nicht infrage. Denn die Rosins sind nicht nur die Zwickauer Würstelmänner, sondern eben auch die vom Georgenplatz.

Dass er, Jahrgang 1938, kürzer tritt und nur gelegentlich mit der Würstchenzange in der Hand auf „seinen" Platz schaut – das schmerzt Egbert Rosin schon. Nach zwei Schlaganfällen vor einigen Jahren war die Arbeit wie eine Therapie. „So war ich gezwungen etwas zu tun, im Kopf zu rechnen. So bleibt man fit. Ja, das fehlt. Zumal ich auch nach all den Jahren immer gern hier stand, weil es jeden Tag anders war", meint der Senior abschließend. „Es ist total abwechslungsreich, nie langweilig", ergänzt Thomas Rosin. Eines steht fest: Der Georgenplatz ohne den Würstelmann, da würde etwas fehlen.

Itors Abenteuer – die Buchhandlung Marx

In dunklen Holzregalen stehen übersichtlich sortiert die neuesten Romane. Daneben locken regionale Bücher aus der Heimat, schräg gegenüber warten Reiseführer auf Abnehmer mit Fernweh. Zwischen zwei großen Schaufenstern fällt der Blick erst auf den Dr.-Friedrichs-Ring, dann auf die Klassiker der Kinderbuchliteratur.

Keine ausgeklügelte Beleuchtung. Keine Musik. Kein Kaffeeautomat. Einfach nur Bücher. So unprätentiös kommt die alteingesessene Buchhandlung Marx bis heute daher. Wobei der Name so manchen Kunden in die Irre führt: „Ich werde mindestens dreimal täglich mit Herr Marx angesprochen", erzählt Inhaber Berthold Freitag an einem ruhigen Samstagvormittag. „Morgens antworte ich dann gern ‚Sie sind heute der Erste, aber sicher nicht der Letzte'. Kurz vor Ladenschluss meist ‚Sie sind heute nicht der Erste, aber dafür der Letzte'. Das muss man einfach mit Humor nehmen", meint er augenzwinkernd.

Dabei ist die Buchhandlung bereits seit 1914 in Familienbesitz. Einen Grund, den Namen zu ändern, sahen aber weder Großvater Hugo Arno Freitag noch Vater Christoph Freitag, von dem Berthold das Geschäft 1992 zum 100-jährigen Jubiläum übernahm. Die 1892 von Emil Walter Marx gegründete Buchhandlung war bereits zu Zeiten seines Großvaters eine Institution. „Der Name Marx ist im Gedächtnis der Zwickauer mit Büchern verbunden", so der Buchhändler.

Auf den Tag genau seit Ausbruch des Zweiten Weltkrieges am 1. September 1939 ist das Eckhaus gegenüber dem einstigen Ring Café Sitz der Buchhandlung. Geblieben ist seither nicht nur die Adresse, auch die altehrwürdige Beschriftung in eisernen Lettern über Eingangstür und Schaufenstern gehört zum Stadtbild dazu.

„Zu meines Großvaters Zeiten, der ursprünglich bei Emil Walter Marx in die Lehre gegangen ist, war es hier am Ring aber noch deutlich ruhiger. So ruhig, dass Hugos Hund Itor seinen Weg regelmäßig allein von der Wohnung schräg gegenüber bis zur Buchhandlung fand, um bei seinem Herrchen nach dem Rechten zu sehen. „Einmal ließ meine Großmutter Itor wieder mal alleine raus. Seine erste Station war natürlich die Buchhandlung, doch sein Herrchen war nicht da. Also sprang Itor kurzerhand in die Straßenbahnlinie 3, die über den Ring in die damalige Wilhelmstraße einbog, und stieg an der Schedewitzer Brücke wieder aus. Dort hatte die Familie damals einen Schrebergarten und da fand er dann auch meinen Großvater."

Und am Straßenbahnfahren fand der Mittelschnauzer offenbar Gefallen, denn Hugo Freitag bekam vom Schaffner mehr als einmal zu hören: „Herr Freitag, Ihr Hund ist wieder schwarz gefahren." Dann musste der Großvater für den tierischen Trittbrettfahrer nachlösen.

Itors Abenteuer gehören bis heute zu den Lieblingsgeschichten von Berthold Freitag und das in einer Unternehmerfamilie, die reich an Geschichten ist: Dazu gehören Bestellungen aus aller Welt ebenso wie prominente Namen. Nachweislich orderte Graf Zeppelin höchstpersönlich bei Freitags. Goldfinger Gert Fröbe war bei Marx ebenfalls kein Unbekannter.

Die Familie lernte durchaus harte Jahre kennen, zuerst in der DDR, dann nach der Wende, berichtet Berthold Freitag. „Wir haben lange Zeit ums Überleben gekämpft, das muss man so deutlich sagen." Ein entscheidender Grund, warum es die Buchhandlung noch gibt: Die Freitags entdeckten Lesungen mit namhaften Schriftstellerinnen und Schriftstellern für sich.

Berthold Freitag in der Buchhandlung Marx. Sein Sohn Florian unterstützt den Buchhändler bei den Lesungen.

Bernd-Lutz Lange, Gunther Emmerlich, Sebastian Krumbiegel, Gregor Gysi, Andrea Sawatzki, Donna Leon oder Thomas Gottschalk – sie alle waren schon zu Gast. Wen sie einladen, wird im Familienrat entschieden. Dabei haben sie viele Male ein gutes Händchen bewiesen, so etwa bei Thomas Gottschalks Biografie „Herbstblond“: Der Erste bezog mit Kaffeekanne und Campingstuhl früh um 4 Uhr Stellung vor der Buchhandlung, um ein Ticket zu ergattern. „Wir hätten die Stadthalle füllen können“, sagt der Unternehmer grinsend. „Und Gregor Gysi geht auch immer wie geschnitten Brot.“

Inzwischen gehört Berthold Freitag übrigens selbst ein Stück weit zum Stadtbild: Wenn er in seiner knallroten Ape unterwegs ist und mit dem dreirädrigen Kultmoped von Piaggio Anwaltskanzleien, Unternehmen oder die Hochschule mit neuem Lesestoff versorgt.

Paradiesische Zustände – Luther sei Dank

Zwickau – ein Paradies?! Davon sind wahrscheinlich nicht alle Zwickauerinnen und Zwickauer überzeugt. Wahr ist aber, dass es derer sogar zwei in der Stadt gibt: Das unbekanntere Paradies befindet sich am Eingangsbereich des Zwickauer Doms. Das Hauptportal mit den Skulpturen von Bertha von Groitzsch und Martin Römer, ebenfalls auch als Paradies bezeichnet. Wahrscheinlich geht die Bezeichnung darauf zurück, dass der Vorbau des Hauptportals den Weg in die Kirche weist – wo man bekanntlich Vergebung finden kann, um eben ins Paradies zu gelangen.

Das bekanntere Zwickauer Paradies präsentiert sich malerisch. Von der Paradiesbrücke bietet sich nicht nur ein wunderbares Panorama auf die an dieser Stelle gemächlich dahinfließende Mulde. Die Brücke führt direkt ins (Mulde-)Paradies. Es dauerte ein wenig, bis die parkähnlich gestaltete Anlage und der unmittelbar darunter liegende B93-Tunnel Wirklichkeit wurden. Inzwischen sind der anfängliche Ärger und Unmut vergessen. Das Muldeparadies, das sich von der Paradiesbrücke bis zum Schloss Osterstein am Rande der Innenstadt erstreckt, ist als grüne Oase nicht mehr wegzudenken. Es bietet beste Voraussetzungen zum Flanieren, Relaxen, Spielen und Feiern: An schönen Tagen Sonne satt, ein laues Lüftchen, spielende Kinder auf den zwei Spielplätzen „Knöpfchen“ und „Nadelöhr“ oder für sportlich Aktive eine Fahrt entlang der Muldenpromenade als Teil des überregionalen Muldetal-Radweges. Dazu die Flussbühne mit Blick aufs Wasser, der Wallgarten als Erinnerung an die einstige Stadtmauer mit Pulverturm und das Bergarbeiterdenkmal. Der Themengarten Farbenrausch mit all den bunt blühenden Staudenbeeten verspricht nicht zu viel und ist eine gelungene Hommage an den weltbekannten Expressionisten und Sohn der Stadt, Max Pechstein.

Wie aber kommen eine Brücke und das Areal mit einem Tunnel, der zugleich als Damm dem Hochwasserschutz dient, zu solch einem paradiesischen Namen? Der Legende nach soll die Bezeichnung auf Martin Luther zurückgehen. Der Reformator predigte ganze vier Mal in Zwickau. Allein am 1. Mai 1522 soll er von einem Rathausfenster aus zu 14.000 Zuhörern gesprochen haben, wobei diese Zahl historisch nicht belegt ist. Was hingegen sicher ist: Nach Wittenberg war Zwickau die zweite Stadt, in der sich die Reformation durchsetzen konnte. Nur dass das lange Zeit kaum jemand wusste. Erst mit der Lutherdekade entdeckte die Stadt Zwickau ihr reformatorisches Erbe.

Während Luther also vor mehr als 500 Jahren wenige Tage in der Stadt weilte, entstand die paradiesische Legende:

Die Paradiesbrücke in ihrer heutigen Form wurde im Jahr 1900 eingeweiht. Zuvor stand an selber Stelle mehr als 200 Jahre lang eine überdachte Holzbrücke.

Demnach musste er vor aufgebrachten Mönchen fliehen, die seine Ideen ketzerisch fanden. Dabei soll er durch das Tränktor gelaufen sein – so der Name des Stadttors an dieser Stelle der Stadtmauer. Dann rannte er über die Muldebrücke, um im erstbesten Haus auf der anderen Seite des Flusses Zuflucht zu finden. Und wie der Herrgott es wollte, war es ein Wirtshaus! Luther soll daraufhin gerufen haben: „Gott sei Dank, dass er mich dieses Haus finden ließ. Denn wahrlich, es ward mein Paradies." Von da an hatte das Wirtshaus einen neuen paradiesischen Namen, später die Brücke und mit der Umgestaltung schließlich das gesamte Areal.

„Freiwillig" zur Freilichtbühne

Sie weckt Erinnerungen an laue Sommernächte voller Musik. Angefangen bei DDR-Legenden wie den Puhdys oder Karat bis hin zu Weltstars wie Status Quo, nachdem die Mauer gefallen war. Die Freilichtbühne am Schwanenteich, das sind lauschige Filmabende unter freiem Himmel, als die Defa für's Filmemachen zuständig war. Das sind in jüngerer Zeit rasant inszenierte Sommertheater-Stücke wie in „80 Tagen um die Welt" oder große Opern wie Mozarts Zauberflöte, die in diesem als Amphitheater angelegten Kleinod mitten im Grünen ihre ganze Wirkung entfalten können. Die Freilichtbühne, das ist ein Fußball-Sommermärchen in Schwarz-Rot-Gold, das mit einem in allerletzter Minute verlorenen Halbfinale alle WM-Träume zerplatzen ließ. Die Stille, die die Fans auf dem Weg zum Ausgang begleitete, hing lange nach. Die Freilichtbühne in der denkmalgeschützten Parkanlage rund um den Schwanenteich ist aber

vor allem ein einzigartiges Kulturdenkmal, dessen Entstehung selbst Geschichte geschrieben hat. Denn die Zwickauer haben ihre Freiluftarena an erster Stelle Walter Ulbricht zu verdanken und in zweiter Linie sich selbst. Wie das?
Der damalige stellvertretende Ministerpräsident der DDR und Erste Sekretär des ZK der SED stattete Zwickau 1954 einen Kurzbesuch ab. Dabei warf er eine Frage in die Runde, die beschämtes Kopfschütteln auslöste: „Gibt es in Zwickau einen Kulturpark?“ Das mussten die Zwickauer Parteifunktionäre verneinen. „Also ließ sich Ulbricht gleich einen Stadtplan geben und umkreiste kurzerhand ein Areal, das vom Schwanenteich bis zum Reichsbahngleis an der Planitzer Straße Nähe Reuterweg reichte. So ist es in den Akten verbürgt“, erzählt Angelika Winter. Sie hat viele Jahre im Stadtarchiv gearbeitet und dabei unter anderem die Entstehungsgeschichte der Freilichtbühne rekonstruiert.
So weit der (sozialistische) Plan. Die Umsetzung überließ die Staatsführung lieber der Stadt. Genauso wie die Finanzierung. „Mittel gab es aus Berlin keine, also packten die Zwickauer selbst an.“ Weil das Riesengelände unmöglich in einem Rutsch entstehen konnte, wurde am südwestlichen Ende begonnen, und zwar mit dem Bau einer Freilichtbühne. „Die Architektur sollte schlicht und einfach sein. Man entschied sich für einen Arkadenbau, wodurch eine ‚leichte und heitere Note‘ erzeugt werden sollte“, zitiert Angelika Winter aus den Akten. Um die Kosten niedrig zu halten, musste das Nationale Aufbauwerk (NAW) ran. „Also hieß es abends nach der Arbeit ‚freiwillig‘ zu den Aufbaustunden.“ Das hätte vermutlich Jahre gedauert und so wurden schließlich die Betriebe verpflichtet, Ulbrichts Plan umzusetzen. „Für die Gebäude wurden Ziegel aus Abbruchgebäuden des Wilhelmschachtes in Oberhohndorf verwendet. Das Zwickau-

Zu Hunderten strömten die Zwickauer in den Sommermonaten auf die Freilichtbühne.

er Steinzeugwerk fertigte Rohre und berechnete dafür lediglich den Selbstkostenpreis. Die Verlegung der Schleusenanlage und die Installation der Sanitäranlagen übernahmen die Wasserwerke und der VEB Installationsbetrieb", so Angelika Winter weiter. Nach einem Jahr und 68 000 geleisteten Arbeitsstunden stand die Zwickauer Freilichtbühne. Mit der Straußoperette „Der Zigeunerbaron" konnte sie knapp drei Jahre nach Ulbrichts Ansage am 23. August 1957 glanzvoll eingeweiht werden – auch weil so viele Zwickauer fleißig Hand angelegt hatten, ob freiwillig oder nicht.

Während sie nach der Wende zunächst ein trauriges Dasein fristete, haben die Zwickauerinnen und Zwickauer „ihre" Freilichtbühne längst wiederentdeckt. Und nach der Sanierung im Jahr 2010 so sehr in ihr kulturelles Herz geschlossen, dass die Klage eines Anwohners wegen Lärmbelästigung großen Unmut hervorrief und hohe Wellen schlug – einschließlich eines Farbbeutelanschlags auf dessen Wohnhaus. Der Rechtsstreit beschäftigte die Gerichte über Jahre. Inzwischen ist er zwar beendet, aber eine gute Nachbarschaft wird es wohl nicht mehr. Nichtsdestotrotz ist die Freilichtbühne mit Platz für bis zu 6500 Besucher (wieder) ein fester Bestandteil des Zwickauer Veranstaltungskalenders, wenn auch nur für eine begrenzte Anzahl von Veranstaltungen im Jahr.

Ein Bösewicht vom Dienst aus Oberplanitz

Im Halbdunkel liegt der komplett in Schwarz gekleidete James Bond alias Sean Connery auf einer golden schimmernden Metallplatte. Gefesselt an Armen und Beinen starrt er ungläubig auf ein bläulich leuchtendes, monströs daherkommendes Gerät. Als sich auf Knopfdruck der rote Laserstrahl in Bewegung setzt und dem Agenten im Geheimdienst Ihrer Majestät an besonders delikater Stelle bedrohlich näher kommt, hält man fast automatisch den Atem an: Diese Filmszene hat sich ebenso ins kollektive Gedächtnis eingebrannt wie das diabolische Grinsen des Superschurken Auric Goldfinger, der Bonds Frage „Erwarten Sie von mir, dass ich rede?“ mit fieser Lache und den Händen in den Hosentaschen seines schnieken Smokings eiskalt pariert: „Nein, Mister Bond, ich erwarte von Ihnen, dass Sie sterben!“

Der Gegenspieler im beliebtesten und vielleicht besten Bond-Film aller Zeiten, wie nicht wenige Fans meinen, wurde 1913 in einem unscheinbaren Haus in Oberplanitz geboren. Von hier aus startete der Zwickauer eine einzigartige Schauspielkarriere, in deren Verlauf er schließlich zum Weltstar wurde: Dank seiner brillanten Interpretation des nach Gold gierenden Bösewichts, der den berühmten 007 in Bedrängnis bringt. „Dabei sprach er

so schlecht Englisch beziehungsweise mit einem so starken Akzent, dass er in der Originalfassung nachsynchronisiert wurde“, erzählt Ekkehart Baumann kopfschüttelnd.
Der 65-Jährige ist der Neffe des 1988 verstorbenen Schauspielers, der in 125 Filmen mitwirkte und mit seinem charakteristischen Mienenspiel nicht nur in der Rolle als Goldfinger die dunklen Seiten des Menschseins verkörperte. In „Es geschah am helllichten Tag“ schlüpfte er 1958 neben Heinz Rühmann in die Figur eines psychisch gestörten Kindermörders – und beeindruckte damit auch die Produzenten der James Bond-Filme nachhaltig. Später folgten unter anderem Rollen als Räuber Hotzenplotz, als Gaunerchef oder Menschenschinder. Die Frankfurter Allgemeine Sonntagszeitung nannte ihn sogar einmal den „Bösewicht vom Dienst“.
„Aber genauso gut konnte er den schwergewichtigen, jovialen Komiker geben und ebenso den differenzierten Charakterdarsteller“, meint Baumann, der seinen Onkel durch viele Besuche in der alten Heimat gut kannte. Bis zum Tode seiner Mutter Alma 1972, zu der Gert Fröbe ein sehr enges Verhältnis gehabt hatte, reiste er auch nach dem Mauerbau per Auto oder Interzonenzug in die DDR, um sich nach dem Wohlergehen der Familie zu erkundigen. „Da erzählt uns Gert dann Geschichten aus der großen weiten Welt und wir saßen da am Kaffeetisch mit offenem Mund. Aber seinen Planitzer Wurzeln ist er – auch mit Weltruhm – immer treu geblieben. Im Kreis der Familie hat er dieses Berühmtsein auch nie heraushängen lassen, ganz im Gegenteil“, erinnert sich Eckehart Baumann
Bereits bevor Gert Fröbe, der mit gebürtigem Namen eigentlich Karl Gerhart Fröbe hieß, weit über die Stadtgrenzen hinaus bekannt wurde, hatte er sich in Zwickau einen Namen gemacht. Dank seiner ersten künstlerischen Ambitionen und seines röt-

Gert Fröbe (Mitte) und seine damalige Frau Beate kommen ca. 1960 vom gemeinsamen Pilzesuchen mit der Familie aus Lauterhofen bei Kirchberg zurück. Neben dem Schauspieler geht Neffe Eckehart mit dem Pilzkorb unterm Arm.

lich schimmernden Haarschopfes: Als „dor rode Geicher von Zwigge" tingelte der junge Fröbe durch Gartenlokale, spielte bei Hochzeiten und zum Tanz auf. Als Stehgeiger schaffte er mit seinen Auftritten Anfang der 20er-Jahre für die finanziell gebeutelte Familie ein wenig Geld heran und entdeckte dabei sein schauspielerisches Talent.

Kurioserweise machte er die Bekanntschaft mit der Theaterbühne erst einmal als Bühnenmaler, um sich anschließend zum Schauspieler ausbilden zu lassen. „Wobei er auch hier fast an seinem sächsischen Dialekt gescheitert wäre. Beim Vorsprechen hatte sich mein Onkel die Rolle des Mephisto in Goethes Faust ausgesucht." Sein Lehrer Erich Ponto, der als steifer Professor Crey in Heinz Rühmanns Kultfilm „Die Feuerzangenbowle" brillierte, ließ Fröbe am Dresdner Schauspielhaus zunächst ablaufen und zwar mit den markigen Worten „Mephisto war kein Sachse". Aber der sächselnde Zwickauer ging unbeirrt seinen

Weg, obwohl seine Startbedingungen alles andere als optimal waren.
Ähnlich wie Bond-Darsteller Sean Connery stammte Fröbe aus einfachen Verhältnissen. Die Mutter war Näherin, sein Vater Schuster, der ein Geschäft für Lederwaren mit Schuhreparaturwerkstatt betrieb – im Erdgeschoss des Geburtshauses von Gert Fröbe in der Marktstraße 11, die heute Edisonstraße heißt. Dort, wo der spätere Weltstar einst mit seinen Eltern und der älteren Schwester Hanni lebte, wohnt bis heute sein Neffe Eckehart Baumann, und die Werkstatt des Drechslermeisters ist nach wie vor unter dieser Adresse zu finden.
Mittlerweile sitzt sein Sohn Daniel im Chefsessel, doch die Familie pflegt nicht nur das Erbe des weltberühmten Onkels, sondern auch eine eigene Tradition. Die ist vielleicht nicht bis Hollywood bekannt geworden, wird aber als lieb gewonnenes Souvenir von vielen Gästen der Stadt mitgenommen: der Zwickauer Spaßvogel. „Die Idee entstand inzwischen auch schon wieder vor über 50 Jahren und seitdem haben wir bestimmt mehr als 10 000 Spaßvögel hergestellt – wobei ihn anfangs gar keiner weiter wollte. Später vergab ihn das Radio DDR für humorvolle Zuschriften an seine Hörer und inzwischen vertreiben wir ihn längst deutschlandweit“, erzählt Daniel Baumann, der gelernter Krankenpfleger ist und erst später als Quereinsteiger in den väterlichen Beruf wechselte.
Der aus zwei Teilen gefertigte Vogel hat einen aufgesetzten und damit beweglichen Kopf. Je nachdem, wie der Kopf gedreht wird, schaut der Piepmatz lustig oder traurig in die Welt. In verschiedenen Größen, Hölzern und Farben ausgeführt, avancierte der Spaßvogel inzwischen zum inoffiziellen Stadtmaskottchen – obwohl das Zwickauer Wappentier eigentlich der Schwan ist. Und zum 900-jährigen Stadtjubiläum im Jahr 2018 trat das Federtier

sogar im lackweißen Festgewand und mit eleganter schwarzer Fliege in einer auf 900 Stück limitierten Sonderedition auf.
Dass der Spaßvogel und Gert Fröbe so enge Familienbande haben, wissen viele Menschen gar nicht. Nur eine bescheidene silberne Plakette mit der Aufschrift „Geburtshaus des Schauspielers Gert Fröbe“ und seinen Lebensdaten an der Hausmauer der Edisonstraße 11 weist auf die Verbindung hin. Mit Shirley Basseys Lied „Goldfinger“ im Ohr verlässt man die kleine Werkstatt in Planitz und muss dabei unweigerlich an das hinterlistige Grinsen des Filmfieslings denken, der mit seiner nicht nur sprichwörtlich raumgreifenden Ausstrahlung selbst Superagent James Bond fast an die Wand gespielt hat.

Der schiefe Turm von Zwickau

Vielen Zwickauern fällt es kaum auf, aber Besucher stutzen regelmäßig beim Gang durch den Dom St. Marien. Wenn man mit geschlossenen Augen langsam vom Eingangsportal in Richtung Chorraum geht, hat man das Gefühl, bergab zu laufen. Das Gefühl trügt nicht.
Tatsächlich fällt das wichtigste sakrale Baudenkmal der Stadt zwischen der letzten und der ersten Kirchenbank um rund 40 Zentimeter ab. Der Dom steht schief. „In zehn Meter Höhe ist der Dom sogar schon 43 Zentimeter aus dem Lot“, erzählt Dr. Michael Kühn und zeigt auf einen der mächtigen Strebepfeiler des evangelischen Gotteshauses. Der Bauingenieur hat sich bis zu seiner Pensionierung jahrzehntelang um den Dom gekümmert. Seit 1984 kennt er das Gebäude wie kein Zweiter, was ihn als Dombaumeister qualifiziert. Damit der Zwickauer Dom nicht

eines Tages dem Schiefen Turm von Pisa Konkurrenz macht, ging es vor einigen Jahren ans Eingemachte. Die Fundamente wurden ab 2016 umfassend saniert und stabilisiert. „Wenn wir nicht eingegriffen hätten, wäre der Dom irgendwann nicht mehr tragsicher gewesen und im schlimmsten Fall eingestürzt“, erinnert sich Kühn.

Da sich die Pfeiler an der Ostseite in Richtung Rathaus neigen, der übrige Teil aber nicht, kippt der Dom etwa in der Mitte ab – und drohte auseinanderzureißen. Denn je schiefer die Kirche wird, desto mehr drückt das Gewicht des riesigen Baus. Risse im Mauerwerk, außen wie innen, legten davon Zeugnis ab: Wie unregelmäßige Zickzacklinien fraßen sie sich vom Fuß des Gebäudes bis nach oben zum Gewölbe, gut sichtbar, während man andächtig dem Gottesdienst lauschte.

„Lange Zeit wurde der Steinkohlenbergbau im Zwickauer Revier als Ursache für den Schiefstand verantwortlich gemacht, weil sich das Gelände über den alten Schächten absenkt. Tatsächlich ist der

Dr. Michael Kühn, Dombaumeister a.D., begleitete die Sanierung des Kirchengebäudes Schritt für Schritt.

Dom allein zwischen 1925 und 1935 im Mittel um 3,63 Meter in die Tiefe gerutscht", so Kühn. „Das liegt vor allem daran, dass die damals vorhandenen Kohleflöze nicht durchgängig gewesen sind, sondern Verwerfungen aufweisen. Die daraus resultierenden Setzungen haben sich aber schon seit 1940 beruhigt."

Allein seit der Wende kippte der Dom um weitere zwölf Zentimeter Richtung Osten und irgendwann stand fest, wo das Problem zu suchen ist: Es musste unter der Kirche liegen. Also wurden die Fundamente aufwendig saniert. In mühevoller Handarbeit legten Arbeiter mit Hacke und Schaufel die Gründung des Doms im Inneren frei, schafften den Bauschutt mit der Schubkarre hinaus. Danach ging es an der Außenseite weiter. Schließlich der Blick in drei Meter Tiefe und Ernüchterung für Michael Kühn: „Außen waren die Sandsteine des Fundamentes schlecht vermörtelt, im Inneren sogar nur lose aufgeschichtet. Für die damalige Belastung war das Fundament von 1470 zwar nicht gut, aber völlig ausreichend. Allerdings wuchs der Dom über die Jahre um weitere fünf Meter in die Höhe, das veränderte die Kräfte", blickt der Dombaumeister zurück.

Der Bergbau tat sein Übriges. Nach dessen Ende gesellte sich ein steigender Grundwasserspiegel hinzu. „Wenn Sandstein nass wird, lässt er sich richtiggehend abbröseln." So verlor das Fundament weiter an Festigkeit. Der für den Laien massiv wirkende Granitfuß des Doms war nämlich erst im 19. Jahrhundert angebracht worden. „Der ist also nicht mehr als eine hübsche Verblendung." Inzwischen sorgt jede Menge Stahlbeton dafür, dass der schiefe Dom nicht noch weiter vornüberkippen kann. Stück für Stück wurden die alten Fundamente ersetzt. Zwei riesige Stützen zierten während der umfangreichen Arbeiten monatelang den Marienplatz, wie sich viele Zwickauer erinnern werden. Sie halfen den Dom während der Sanierung abzustützen. „Dieses Dagegen-

halten übernehmen nun zwei mit Tellerfedern vorgespannte Zugstangen im Inneren der Kirche, die in der Tiefe mit den Fundamenten und in der Höhe mit den beiden abkippenden Pfeilern verbunden sind. Damit sollen offene Fugen in der Zugzone der aus Sandsteinblöcken gemauerten Strebepfeiler verhindert und so die auftretenden Kräfte sicher in die Fundamente abgeleitet werden. Die bisher eingetretenen Verformungen können aber nicht mehr rückgängig gemacht werden."
Zwickau wird also auch künftig mit seinem schiefen Dom leben müssen, der im Übrigen gar kein Dom ist. Diese Bezeichnung ist eigentlich einem Bischofssitz vorbehalten, den Zwickau aber nicht hat und nie hatte. Vermutlich, weil St. Marien so groß und prächtig ist, erhielt die Kirche 1935 diese Bezeichnung. Seitdem geben die Zwickauer sie einfach nicht mehr her.

Glücksbringer, Sagen und kuriose Namen

Handtuch und Schiffchen, Schwanennest und Halde oder ein Kohlrabihuckel – bei einem Ausflug mit Stadtführerin Angelika Michaelis stolpert man über eine ganze Reihe ungewöhnlicher Bezeichnungen. Was verbirgt sich dahinter? „Nun, über das Handtuch wissen die meisten wahrscheinlich Bescheid. So nennen wir das schmalste Haus der Stadt – das mit der grünen neogotischen Fassade am Hauptmarkt mit der Nummer 2." Als Stephan-Roth-Haus ist es seit 2011 eine Station auf dem sächsischen Lutherweg. Der Zwickauer war ein Weggefährte Martin Luthers, Rektor der früheren Lateinschule, Stadtschreiber und Ratsherr. Gleich schräg gegenüber erblickt man eine weitere Kuriosität: In der Giebelwand des Gebäudes Hauptmarkt 13

Ein gekentertes Schiff auf der Mulde soll den Baumeister des Schiffchens inspiriert haben.

steckt in luftiger Höhe eine schwarze Kanonenkugel. „Sie zählt für manchen zu den Wahrzeichen von Zwickau und soll absichtlich eingebaut worden sein, um das Haus vor Kanonenkugeln zu schützen.“ Die fliegen einem beim Bummel über den Hauptmarkt zwar längst nicht mehr um die Ohren, erhalten geblieben ist der Glücksbringer dennoch.

Zum Schiffchen, das wenige Hundert Meter entfernt an der Ecke Kornmarkt/Münzstraße steht, gibt es Sagenhaftes zu erzählen. Heute fahren auf der Mulde, anders als früher, keine Schiffe mehr. Der Baumeister des Gebäudes sah ein gesunkenes Schiff auf der Mulde, bei dem eine Rumpfseite senkrecht in die Höhe ragte. Da kam ihm die Idee, das zustande gekommene Bild in Form eines Hauses umzusetzen. „Das gelang und so ankert mitten in der Stadt ein Schiffchen, dessen Vorderseite mit einem Anker und einem Seil auf die früheren Bewohner – Seilerfamilien – hinweist. Und mancher Vorbeilaufende schmunzelt bis heute über die architektonische Schöpfung“, meint Angelika Michaelis.

Das Dünnebierhaus, bekannt für seinen wunderschönen spätgotischen Treppengiebel, führt uns namentlich in die Irre: Ob darin einmal Bier und sogar dünnes gebraut wurde? Einen Beleg dafür gibt es nicht. Vielmehr verdankt es seinen Namen dem früheren Besitzer Emil Gustav Dünnebier, der in dem Bürgerhaus um 1900 einen Kolonialwarenladen eröffnete. Später zogen eine Kaffeerösterei, eine Likörfabrik sowie eine Zigarren- und Weinhandlung ein. Heute hingegen wird im Dünnebierhaus geheiratet und bis nach draußen hört man es manchmal freudig rufen: Ja, ich will!

Kultstatus genießen sowohl die Halde als auch das Schwanennest und beide haben mit König Fußball zu tun: Als Halde wurde umgangssprachlich die langjährige Spielstätte des FSV Zwickau bezeichnet, weil der Platz auf saniertem Haldengelände des ehemaligen Vereinsglückschachtes errichtet wurde. Legendär der Ausruf: „Tooor! Zwickau führt! Die Halde bebt!“ Nun ist auf der Halde – offiziell heißt es seit der Wende Westsachsenstadion – der Breitensport zu Hause.

Der Zwickauer Fußball residiert im Schwanennest, dem neu gebauten Stadion (korrekt der GGZ-Arena) in Eckersbach. Der Begriff steht mit dem Stadtwappen in Verbindung. Schwäne sind Zwickaus Wappentiere, die Stadtfarben sind Weiß und Rot. Beides findet wiederum im Vereinslogo seinen Niederschlag. „Zudem gibt es bei jedem Heimspiel vor dem Anpfiff ein Ritual: Der große Sympathieträger Schwan Robert steht an der Mittellinie im Seitenaus, auf dem Kopf der Ball, den der Schiedsrichter dann zum Anstoßpunkt bringt“, berichtet die Stadtführerin.

Und der Kohlrabihuckel? „So wird im Volksmund das Gebiet zwischen Dürer- und Hans-Sachs-Straße oberhalb der Mauritius-Brauerei genannt, weil dort beim Bau der Wohnhäuser so viele Gemüsegärten angelegt wurden“, verrät Angelika Michaelis zum Abschluss.

Buletten und Bilder: Erinnerungen an Max

Nur mal eben schnell herübergeeilt aus dem Atelier. Farbkleckse auf dem Kittel. Eine halbe Stunde frei gemacht von der Staffelei, um der Taufe seines ersten Enkels in der Berliner Kreuzkirche beizuwohnen. „Dann ist er wieder abgezogen, mein Großvater Max. So zumindest hat es mir meine Mutter immer erzählt", schildert Alexander Pechstein einen kleinen Auszug aus der Familiengeschichte. „Und beim Taufgottesdienst hat er wohl kräftig gesungen", ergänzt er lachend.

Immerhin: Für das Familienfoto mit Kinderwagen wirft sich einer der bedeutendsten Vertreter des deutschen Expressionismus schnell einen Mantel über, der den Kittel nur notdürftig verbirgt. Der große Max Pechstein – 1881 in Zwickau geboren – wird nahbar und lebendig, wenn sich Alexander Pechstein in liebevollen und warmherzigen Worten an seinen Großvater erinnert. „Der Taufbecher, den er mir damals schenkte, steht inzwischen übrigens in Boston. Ich habe ihn meiner Enkelin zur Taufe vermacht und ihre Initialen eingravieren lassen. Meiner war blank."

In seiner Erinnerung hat der Großvater eigentlich ständig gearbeitet: im Kittel, mit Pfeife im Mundwinkel. In seinem Berliner Atelier oder auch in den Dünen von Leba, einem Fischerdorf in Pommern, wo sich die Familie so manchen Sommer bei den Möllers aufhält, den Eltern von Pechsteins zweiter Ehefrau Marta. Während Max auf der Suche nach seinem Malerparadies einzigartige Landschaftsporträts erschafft, tobt Enkel Alexander durch den Sand. Sein Vater Frank war das erste Kind des Malers aus der Ehe mit Charlotte ‚Lotte' Kaprolat, von der sich der Künstler 1923 trennte.

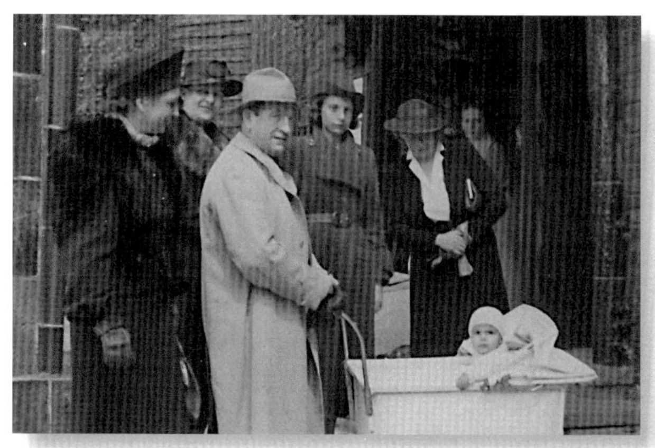

Für das Familienfoto schnell den Mantel übergeworfen: Max Pechstein zur Taufe seines Enkels Alexander 1940 vor der Kreuzkirche Berlin.

„Ich weiß noch, wie ich mit anderen Kindern in den Dünen gespielt habe. Wir sind herumgehüpft. Max barfuß im Sand. Er hat mit seiner Staffelei und dem Wind gekämpft. Rübergucken. Der Opa malt noch, also weiterhüpfen. Damals war ich vielleicht fünf Jahre alt“, berichtet Alexander Pechstein. Das ist das Bild, das er vor Augen hat, wenn er an den weltberühmten Brücke-Künstler mit Zwickauer Wurzeln denkt. „Er hat gern an zwei Bildern gleichzeitig gemalt. Es dauert ja, bis die Ölfarbe trocknet. Also hat er mal den Blick, dann den anderen gemalt. Wenn es dann hieß: Zusammenpacken, zurück nach Hause, hatte er zwei nasse Bilder. Also hat er oben an den Bildern durchgeschnittene Korken befestigt. So hat er dann die zwei Bilder mit den nassen Seiten nach innen transportieren können. Tatsächlich finden Restauratoren auf manchem Gemälde noch heute Sandkörner von der Ostsee.“

Hochtrabende Geschichten kann er aber nicht erzählen, betont der Enkel, der sich seit vielen Jahren gemeinsam mit seiner Cousine Julia Pechstein in der Max Pechstein-Urheberrechtsgemeinschaft um Werk und Nachlass des Expressionisten kümmert. Ein klassischer Opa war Max Pechstein nicht. „Also einer mit auf dem Schoß sitzen oder so. Das nicht, nein. Dafür hat er mir Pinsel und Farben gezeigt. Ich war einfach ein Kind und für mich war es völlig normal, dass mein Großvater den ganzen Tag im Atelier verbrachte. Während er arbeitete, haben Marta und ich Canasta gespielt“, erinnert er sich lächelnd.

Dass Max damals ein bekannter Maler ist, das interessiert den kleinen Jungen herzlich wenig. „Woran ich mich hingegen erinnern kann: Wenn ich mit Max unterwegs war, durfte ich immer in eine verbeulte Aludose hineinlangen.“ Enthalten sind aber weder Farben noch Pinsel, sondern leckere Buletten von Marta. „Die waren so gut, die habe ich dann halt weggefuttert“, erzählt er mit einem verschmitzten Grinsen.

Max Pechstein steigt in dieser Zeit vom Zwickauer Arbeiterkind aus einfachen Verhältnissen zu einem der führenden Wegbereiter des deutschen Expressionismus auf. Seinen Weg an die Spitze der künstlerischen Avantgarde muss er sich hart erarbeiten. Zahlreiche Rückschläge und die Denunzierung als „entarteter“ Künstler unter den Nazis eingeschlossen. Sein Malerparadies findet Pechstein – der 1906 Mitglied der Künstlergruppe Brücke wird, die er aber schon 1912 wieder verlässt – schließlich in weiter Ferne. Im Anschluss an Reisen nach Italien, Nidden auf der Kurischen Nehrung (heute Nida/Litauen), Gent oder Paris macht er sich 1914 mit seiner ersten Frau Lotte auf in Richtung Südsee. Auf den Palau-Inseln, einer ehemaligen deutschen Kolonie östlich der Philippinen, findet Max Pechstein sein absolutes Künstlerglück: Motiviert vom Wunsch, „allem Gezwungenen und Kultivierten“ zu entfliehen, wird der Aufenthalt zur lebenslangen Inspiration, ja, gar zum „Paradies meines Lebens“, wie er es rückblickend nostalgisch verklärt.

Nach nur 19 Wochen – anstelle der geplanten zwei Jahre – zwingt der Ausbruch des Zweiten Weltkriegs das Ehepaar zu seinem vorzeitigen Abschied vom „Paradies“. Der gefeierte Künstler muss sich mittellos als Kohlentrimmer auf einem Dampfer durchschlagen; auf Umwegen gelingt schließlich die Rückkehr nach Deutschland, wo er seine Wohnung in Berlin besetzt und das Atelier geräumt vorfindet.
Nachdem er wohlbehalten vom Militärdienst an der Westfront zurückkehrt, malt Max Pechstein wie ein Besessener. Aus Sehnsucht. Und aus Geldnot. „Er hatte sich für die Reise 10000 Mark von seinem Galeristen geliehen, die der zurückhaben wollte, Weltkrieg hin oder her“, so Alexander Pechstein. Allein 1917 entstehen rund 100 Ölgemälde, die meisten davon Erinnerungen an die unvergessene Südseereise. Eine Reise, bei der das Ehepaar Pechstein im Übrigen Sohn Frank zu Hause ließ. „Mein Vater, der damals gerade ein Jahr alt war, war währenddessen bei meiner Tante Gertrud, der Schwester von Max.“ Da fällt dem Nachfahren eine Anekdote ein, die belegt, wie klein die Welt beziehungsweise Zwickau manchmal sein kann: Frank Pechstein ging mit Gert Fröbe zur Schule. Gemeinsam machten sie Abitur, waren viele Jahre eng befreundet, bevor sich ihre Wege trennten und sie sich aus den Augen verloren.
„Mein Vater ging nach Berlin, wo er nach dem Krieg als erster Nachrichtensprecher beim Berliner Rundfunk anfing.“ Jahrzehnte später, eines abends Anfang der 80er-Jahre, stolpert er in der Zeitung über eine Ankündigung. „Durch Zufall frei“ heißt das Programm. Ein Rezitationsabend mit Gedichten Christian Morgensterns im Berliner Hotel Adlon Kempinski – von und mit Gert Fröbe! Der Schauspieler interpretierte in seiner späteren Karriere gern auf kleinen Bühnen groteske Perlen aus Morgen-

sterns Werk. Legendär ist unter anderem das „Gespräch einer Hausschnecke mit sich selbst“.

„Mein Vater sah die Ankündigung und dachte sich: Den überraschste mal!“ Also kauft Frank Pechstein kurzerhand eine Karte, natürlich ganz vorn. „Gert Fröbe war beim Blick in die erste Reihe von der ersten Minute an verunsichert. Er quält sich also so durch das Programm, wirkt ein wenig von der Rolle bis er schließlich von der Bühne herunter fragt: ‚Bist du das, Frank?‘ Dann liegen sich die beiden auf der Bühne in den Armen. So hat es mir mein Vater erzählt, als er mich zwei Tage später mit in das Programm von Gert Fröbe nahm.“

Allerdings ist der gebürtige Planitzer abermals von der Rolle. Dieses Mal ist aber nicht der alte Freund schuld, sondern eine elegante Dame in der ersten Reihe. „Keine Geringere als Schauspielerin Elisabeth Bergner, eine Grande Dame, wie es damals so schön hieß.“ Ganz Berlin war in sie verliebt, wie man in alten Zeitungsartikeln lesen kann, und Gert Fröbe zumindest schwer begeistert.

„Also lud er uns drei in der Pause kurzerhand auf ein Glas Schampus ein. Das waren denkwürdige 20 Minuten“, erinnert sich der Pechstein-Enkel, der damals Anfang 40 war. Das Gespräch dreht sich um dieses und jenes, um alte Freundschaften und Erinnerungen und schließlich einen gemeinsamen Film. Zwei Jahre später kommt „Der Garten“ mit Bergner und Fröbe auf die Leinwand. Das Programmheft mit einem Autogramm Fröbes verwahrt Alexander Pechstein bis heute. Als sein Vater Frank 1984 stirbt, erscheint zur Beisetzung tatsächlich Gert Fröbe als unerwarteter Gast. „Das hat er sich nicht nehmen lassen, sich von seinem alten Freund zu verabschieden.“

Die Stadt Zwickau hält die Erinnerung ebenfalls wach, sowohl an Fröbe als auch an Pechstein. Letzterem wurde 2014 schließlich ein eigenes Museum gewidmet. In der ständigen Ausstel-

Alexander und Julia Pechstein sind dem Zwickauer Max-Pechstein-Museum inzwischen tief verbunden und regelmäßig bei neuen Sonderausstellungen zum Schaffen ihres Großvaters zu Gast.

lung sind etwa 50 Pechstein-Gemälde zu sehen, die dem Haus als Dauerleihgaben zur Verfügung gestellt wurden. Darüber hinaus kann Zwickau mit über einem Dutzend Leinwand- und Glasgemälden, knapp 200 Zeichnungen, Aquarellen und Druckgrafiken sowie rund 500 zum Teil eigenhändig illustrierten Autografen und Dokumenten die größte Pechstein-Sammlung der Welt ihr Eigen nennen.

Zur Eröffnung des Max-Pechstein-Museums in den Kunstsammlungen Zwickau brachten die „Pechstein-Beauftragten", wie sich Alexander und Julia gerne scherzhaft nennen, übrigens ein Originalstativ ihres Großvaters als Geschenk mit. Seither hat die Familie dem Museum bereits zahlreiche Dinge vermacht, darunter ein bis dato weitgehend unbekanntes Südsee-Reisetagebuch von Pechsteins erster Frau Lotte oder den Schreibtisch des Malers. „An dem hat er in Berlin immer seine Briefe geschrieben. Jetzt steht dieser Schreibtisch in seiner Geburtsstadt, die auch uns als Familie inzwischen richtig ans Herz gewachsen ist."

Von Kosmonauten, ABC-Straßen und blumigen Wegen

Jeden Tag verwenden wir ihre Namen, weil wir in ihnen wohnen, Familie und Freunde besuchen oder ein Päckchen versenden: Straßen. Historisch gewachsene Bezeichnungen wie Hauptstraße (die zu Kaiser Wilhelms Zeiten selbstverständlich Wilhelmstraße hieß) sind einleuchtend. Andere wie die Leipziger Straße weisen in eine bestimmte Richtung. Doch bei so manchem Straßenschild kann man sich schon fragen, wer eigentlich auf die Idee gekommen ist … Genau das hat Frank Dörfelt getan. Er ist von Berufs wegen neugierig. Der Lokaljournalist hat mehrere hundert Stunden im Stadtarchiv verbracht und so ziemlich alles über die rund 660 verzeichneten Zwickauer Straßen und 315 Wege herausgefunden.

So erinnert die Raumfahrtsiedlung im Stadtteil Eckersbach an die stolze Sowjetvergangenheit: „Dass in Eckersbach zahlreiche Straßen mit dem Weltall zu tun haben, hängt mit der staatlich verordneten Begeisterung für die Erfolge der damaligen UdSSR bei den Weltraumflügen zusammen. Um nicht andere Kommunisten von den Straßenschildern verdrängen zu müssen, kamen den damals in der Stadt Regierenden die Neubaugebiete gerade recht“, berichtet Frank Dörfelt.

Insgesamt acht Straßen wurden von 1963 bis 1987 entsprechend benannt. Das Gebiet rund um Kosmonautenstraße und Sputnikweg galt zu DDR-Zeiten als eines der Vorzeige-Neubaugebiete. Wer hier eine der heiß begehrten Wohnungen ergattern konnte, war glückselig. Fließend warmes Wasser, Zentralheizung, WC statt Abort eine halbe Treppe tiefer – mehr als 28 000 Zwickauer zog es bis Ende der 80er-Jahre in die Eckersbacher Neubaugebiete, die ganz formell E1 bis E5 getauft worden.

Deutlich staatstragender kommen die Straßennamen daher. „Nach welchen Kriterien die Namen ausgewählt wurden, geht aus den erhaltenen Unterlagen der Stadtverordnetenversammlung allerdings nicht hervor. Dort beschränkte man sich auf die üblichen Floskeln zu den Heldentaten der sowjetischen Kosmonauten.“ So erinnert der Wostokweg an Juri Gagarins Flug ins All: Als erster Mensch überhaupt umkreiste er am 12. April 1961 die Erde, in einem Raumschiff mit dem Namen Wostok 1. Zur Ehre einer eigenen Straße kam der erste Mensch im Weltall jedoch nicht, zumindest nicht in Zwickau. Dafür gibt es seit 1987 den Baikonurweg, benannt nach dem Weltraumbahnhof im Süden Kasachstans, wo Gagarin seine Mission startete – die Startrampe trägt übrigens bis heute seinen Namen. In Zwickau hält der Sputnikweg die Erinnerungen an die ersten sowjetischen Erdsatelliten wach. Die darauf folgende Mission ist mit dem Lunikweg im Eckersbacher Stadtteil präsent. Wobei die Bezeichnung durchaus eine Besonderheit ist, meint der Straßenkenner. „Eigentlich und offiziell hieß die durch-

DDR-Alltag in der Raumfahrtsiedlung: die Kosmonautenstraße in Eckersbach im Mai 1979.

aus erfolgreiche Mondsonde Luna. Nur in den westlichen Medien wurde sie damals Lunik genannt."

Länger überlegen muss der ein oder andere Zwickauer wahrscheinlich bei der Komarowstraße. Wladimir Michailowitsch Komarow war ein Weggefährte Gagarins. Beim Wettlauf zwischen der Sowjetunion und den USA um die erste Mondlandung verunglückte er bei seiner Rückkehr zur Erde jedoch tödlich. „Er war der erste Mensch, der bei einem Weltraumeinsatz ums Leben kam", sagt der Journalist. Die posthum nach Komarow benannte Neubauschule in der Eckersbacher Raumfahrtsiedlung gibt es mittlerweile nicht mehr, ebenso wenig die Juri-Gagarin-Schule. Nach der Wende erlebte Eckersbach einen massiven Einwohnerverlust und schließlich den flächenhaften Abriss ganzer Neubaublöcke. Geblieben sind das Kosmos-Center, das Sportforum Sojus, das seit 1979 an die sowjetischen Raumschiffe erinnert, und die glorreichen Straßennamen.

Doch auch bei anderen Zwickauer Straßen hat die Namensgebung System: Wenige Hundert Meter Luftlinie entfernt hört man es seit den 20er-Jahren zwitschern und trillern: Von A wie Adler bis Z wie Zeisig machen 14 Sing- und drei Raubvögel der Eckersbacher Vogelsiedlung alle Ehre. Das Wohngebiet, das ab 1923 entstand, war ursprünglich leitenden Mitarbeitern der Schächte am Brückenberg vorbehalten. „Der größere Teil der Vogelsiedlung wurde dann ab 1935 gebaut. Damals nannte sie sich ‚Bergbau-Stammarbeitersiedlung'. Da das aber sehr spröde klang, wurde sie im Volksmund schnell Vogelsiedlung genannt", erzählt Frank Dörfelt.

Blumig wird es hingegen in Weißenborn: Krokus, Narzisse, Tulpe, Lilie oder Dahlie leihen den kleinen Nebenstraßen ihre duftenden Namen. Urwüchsiger geht es in Marienthal zu. Rund um die Waldstraße stehen unter anderem Pappeln, Ulmen, Eschen, Platanen und Kastanien als Namensgeber Spalier.

Pölbitz wartet mit seinen ABC-Straßen auf. A wie Alexander, B wie Barbara, C wie?! Das ‚C' der ABC-Straße fehlt! Die von der Franz-Mehring-Straße abzweigenden Parallelstraßen reichen über die Dorotheen- und Edmund- bis zur Feodorstraße. „Das ‚C' steht für Charlottenstraße, leider gibt es dazu nicht sehr viel Material, auch nicht im Archiv", verrät der Experte. In einem Stadtplan von 1896 sind alle sechs ABC-Straßen als geplant markiert. Ab 1900 entstand die Alexanderstraße, die weiteren bis 1912. Wann genau die Charlottenstraße gebaut wurde, ist ebenso unklar wie der Zeitpunkt, als sie der dichter werdenden Bebauung in Pölbitz weichen musste. „Der Abstand zwischen den Straßen war für den Bau größerer Wohnhäuser zu gering. Daher wurde die Charlottenstraße schon nach wenigen Jahren einfach wieder überbaut. In einem Stadtplan von 1925 ist sie noch eingetragen, auch in einem Adressbuch von 1947, allerdings mit dem Vermerk ‚Ohne Häuser'. Auf einem Stadtplan von 1956 fehlt sie dann aber tatsächlich." Dafür ist das Areal rot schraffiert und als „weiträumige Bebauung" markiert. Auf einem Stadtplan von 1964 stehen in den ABC-Straßen größtenteils Häuser, die Charlottenstraße jedoch ist verschwunden. Einig sind sich die Stadthistoriker übrigens auch nicht bei der Frage, ob die Gudrunstraße auf der anderen Seite der Leipziger zu den ABC-Straßen gehört. Alphabetisch würde es passen. Aber auch die Entstehungsgeschichte dieser Straße hüllt sich weitgehend ins Dunkle.

Wer sich gerne eindeutig festlegt, ist in der Nordvorstadt deutlich besser dran: Walther Rathenau, Friedrich Engels, Rosa Luxemburg, Clara Zetkin, (Ferdinand) Lasalle oder Kurt Eisner lassen schön grüßen. Dabei lässt es sich ausgerechnet im „Sozialistenviertel" mitunter recht herrschaftlich in der ein oder anderen Stadtvilla wohnen.

Mit dem Trabi um die Welt

Die Liedzeile des Refrains hat sich unauslöschlich eingebrannt. Bereits nach den ersten Takten tuckert das Kultobjekt der DDR vor dem geistigen Auge die Landstraße entlang: „Ein himmelblauer Trabant rollt durch das Land, mitten im Regen“ – Farbe gegen Grau. Mit diesem launigen Schlager von Sonja Schmidt aus dem Jahr 1971 wurde die wohl beliebteste Variante des Trabant besungen. Dabei waren die übrigen elf Farbtöne von Baligelb über Papyrusweiß bis hin zu Champagnerbeige oder Delphingrau zumindest dem Namen nach nicht von Pappe.

33 Jahre lang war Zwickau die Wiege des Trabant: Vom P50, der ab Sommer 1958 in Serie unter dem Sachsenring Logo produziert wurde, über den P60 als Modell der 60er Jahre bis hin zum berühmten P601, der mit seinen Kulleraugen und dem bevorzugten Himmelblau – das offiziell eigentlich Kristallblau hieß – die Straßen der DDR prägte wie kein anderes Auto. Am Ende sollte der Trabi aber auch zum Symbol für Stagnation und die Verbohrtheit der politischen Führung werden.

„Nach der Wende wollten alle nur noch ein Westauto. Dabei ist der Trabi zunächst auf der Strecke geblieben“, meint Wolfgang Kießling. Er ist bekennender Trabi-Fan und Vorsitzender des Internationalen Trabant-Registers, kurz Intertrab. Als das Gesicht des Vereins hat der frühere Rallyefahrer der Sachsenring-Werksmannschaft nahezu sein ganzes Leben dem Trabant gewidmet.

Intertrab ist der Hüter der Marke Trabant, vergibt Lizenzen bis in die USA. „Mit dem Trabant-Schriftzug und dem Sachsenring-Logo lässt sich inzwischen wieder richtig Geld verdienen. Das ist ein beachtlicher Markt.“ Dem Verein liegt aber vor allem das „Kulturgut Trabant“ am Herzen. Die Trabi-Experten führen daher

Statistik über diese aussterbende Art. Von den einst drei Millionen Pappen sind auf Deutschlands Straßen noch rund 39 000 unterwegs. Etliche davon natürlich da, wo seine Wiege stand. Aber auch in Zwickau gehört die Duroplast-Karosse längst nicht mehr zum alltäglichen Stadtbild.

Zu Hochzeiten des ITT, des Internationalen Trabantfahrer Treffens, sieht das anders aus: Bis zu 50 000 Besucher kommen, um dem knatternden Zweitakter zu huldigen. Das Großereignis bringt die ganze Stadt in Wallung, Tausende Trabis bevölkern die Zwickauer Straßen – wenn auch nur für ein Wochenende. Das ITT, bei dem es nicht selten wie aus Eimern schüttet, ist das weltweit größte Treffen seiner Art. Verrückteste Tuningmodelle ziehen die Blicke auf sich. „Die Zeit der jungen, wilden Trabi-Tuner ist aber leider endgültig vorbei. Dafür wird der Trabi mehr und mehr zum Liebhabermodell", ist Wolfgang Kießling überzeugt. Mittlerweile gilt auch der P601 als Oldtimer und kann das H-Kennzeichen führen.

Passend dazu kommt das ITT seit 2010 deutlich kleiner und feiner daher. Inzwischen gemeinsam mit dem August Horch Museum organisiert, begegnen sich alle zwei Jahre einige hundert Trabis an ihrem tatsächlichen Geburtsort: dem ehemaligen Sachsenring Werk II, der Produktionsstätte des Trabant. Die Trabi-Fans kommen vielleicht nicht mehr in Scharen an die Wiege ihres Lieblingsgefährts, aber die Begeisterung scheint ungebremst und reicht weit über die Grenzen der ehemaligen DDR hinaus: In ganz Deutschland gibt es um die 100 Trabi-Clubs und die Kreativität der Trabi-Gemeinde lässt sich am Namen ablesen: So treffen sich in Landsberg am Lech die Roten Pappkameraden, in Hamburg die Pappen-Papas und in Hildesheim die Zweetaktheizer. Laut dieser im Internet zu findenden Liste einiger ganz treuer Fans aus Unterfranken reicht die Pappenbe-

Der letzte seiner Art steht nach vielen einsamen Jahren im Depot seit 2017 im verdienten Rampenlicht: in der Dauerausstellung des August Horch Museums.

geisterung bis Frankreich, Schweden, Tschechien oder Polen – und sogar bis in die USA. Matt Annen aus dem US-Bundesstaat Maryland, der die Webseite TrabantUSA betreibt, antwortet innerhalb weniger Stunden auf die E-Mail aus Zwickau. Er liebt die kleinen Autos einfach, schreibt er. Mindestens 250 Trabis rollen seiner Schätzung nach über US-amerikanische Straßen. Auf den Trabi-Geschmack gebracht hat ihn übrigens sein Vater. Mike Annen stößt 2003 in einem Industriegebiet in Baltimore zufällig auf den ersten Trabi seines Lebens. Bis dato kennt er den Zweitakter lediglich von Bildern. Es gibt nur ein Problem: Die US-Zollbehörden wollen die Pappe nicht herausrücken. Dutzende Anrufe, E-Mails und ein gefühltes Jahr später kann Mike Annen endlich in seinem ersten Trabi durch die Staaten tuckern. Seitdem ist er in der kleinen US-Trabi-Szene aktiv und hat sogar eine Trabi-Rallye ins Leben gerufen. Selbst aus Kalifornien kommt ein Trabi den ganzen Weg quer durch die USA bis nach Washington D.C. angefahren, um teilzunehmen.

„Ich sage den Leuten, dass Trabis mein Leben verändert ha-

ben“, schreibt Mike Annen, der mittlerweile eine ganze Reihe der kleinen Autos importiert und restauriert hat. Der Amerikaner, der offen zugibt, vorher nie etwas anderes als seine Heimat gesehen zu haben, reist seitdem regelmäßig nach Europa. „Um weitere Trabis zu kaufen. Auch in Zwickau war ich inzwischen.“ Reisemitbringsel: zwei Sachsenring P70 von 1958.
Der letzte Trabant rollt am 30. April 1991 in Zwickau vom Band. Unter Blitzlichtgewitter und deutschlandweitem Medieninteresse steht die „Legende auf Rädern“ mit der Fahrzeugnummer 3.096.099 ein letztes Mal im Rampenlicht. Der 1.1er in Miss-Piggy-Pink rollt danach direkt ins Museumsdepot, wo er lange allein versauern muss. Ein Symbolbild für Tausende seiner Kameraden: Sie werden mit Anbruch der neuen Zeit über Monate gebaut, obwohl sie längst niemand mehr haben will. Zeitgleich geht am Zwickauer Autohimmel mit Volkswagen schon ein neuer Stern auf.
Erst nach 26 Jahren bekommt der Letzte seiner Art mit der Erweiterung des August Horch Museums endlich seinen gebührenden Platz. In der neuen Dauerausstellung erinnert er an die „Feierstunde“, mit der das Kultauto verabschiedet wurde. Von diesem historischen Moment ist vor allem ein Foto im Gedächtnis geblieben: Im Stil einer Traueranzeige halten zwei Sachsenring-Kumpels einen letzten Gruß mit dem abgewandelten Mielke-Satz „Ich liebte euch doch alle!“ in die Kameras.
Die Geschichte des Trabant – das war und ist auch immer eine ambivalente Geschichte. Auf der einen Seite rund 11 000 Beschäftigte, die im Sachsenring ein wenig in ihrer eigenen Welt leben. Gut versorgt. Mit deutlich überdurchschnittlichem Verdienst. Aber die jahrelangen Wartezeiten auf das „Volksauto“ werden nicht nur zur Grundlage endloser Trabi-Witze, sondern auch zum Sinnbild des Scheiterns. Denn aus Borniertheit und Geldmangel bleiben alle Pläne zur Weiterentwicklung in der

Schublade. „De facto hat sich zwischen 1958 und dem Ende der 80er am Trabi so gut wie nichts verändert“, sagt Frank Hofmann. Was manchem ehemaligen Sachsenring-Ingenieur frustriert die Tränen in die Augen treibt, entlockt Hofmann ein Lächeln. Gerade die Austauschbarkeit der einzelnen Komponenten macht den Trabi aus, findet der Zwickauer. „Heutzutage gibt es bei einem Modell doch schon sieben verschiedene Anlasser. Der Trabi-Türgriff passt auch beim Wartburg oder beim Multicar. Das würde man heute ressourcenschonend nennen“, macht er die Trabi-Faszination mit einem Augenzwinkern greifbar.

Der Autoliebhaber hat noch einen guten Grund, die technische Einfachheit des kleinen Stinkers zu lieben: Frank Hofmann ist der Gründer von Trabantwelt, einem Onlineversandhaus für Trabant Ersatzteile. „Wir haben schon einen Bremszylinder per Express auf einen Campingplatz nach Spanien verschickt, weil ein Kunde dort mit seinem kaputten Trabi gestrandet war“, erzählt er. „Ein bisschen technisches Geschick, einen Schraubenzieher und ein paar Spezialwerkzeuge, das ist alles, was du bei einem Trabi brauchst.“ Selbst mitten in Namibia ist man mit der Knutschkugel made in GDR nicht aufgeschmissen: „Wir hatten auch schon einen Kunden, der mit seinem Trabant Kübel in Afrika unterwegs war. So eine Art Abenteurer. Der rief immer ganz eilig an, wenn er mal für ein paar Tage in seiner alten Heimat Berlin war. Dann hat er durchgegeben, welche Teile er brauchte, und wir haben ihm alles zugeschickt“, berichtet Frank Hofmann. Aber einmal ist die Zeit zu knapp, der Kübelfahrer schon wieder in Namibia, als der Hauptbremszylinder streikt. „Also haben wir das Paket mit DHL losgeschickt und alle paar Tage telefoniert, weil es mit der Sendungsnachverfolgung natürlich nicht so geklappt hat. Wir haben dann schon immer gescherzt, dass die Kamele bestimmt ohne Scanner unterwegs sind.“ Nach unendlichen zehn

Wochen schickt der Abenteurer ein Foto: Alle Ersatzteile schön säuberlich aufgereiht – so gut das eben geht mitten im Sand – repariert er den Hauptbremszylinder unter freiem Himmel. „Ich erinnere mich noch genau an dieses Bild, finde es aber nicht mehr. Zuletzt haben wir leider auch nichts mehr von ihm gehört."
Hofmanns Trabi-Liebe reicht zurück bis in seine Kinder- und Jugendzeit. „1986 oder '87 habe ich mir extra einen Ersatzteilkatalog gekauft, um wenigstens in Gedanken im Trabi sitzen zu können. Ein eigener Trabant war da noch außerhalb jeder Reichweite", meint er grinsend. Als DDR-Nostalgiker will er aber nicht verstanden werden. Aufgewachsen in einer christlichen Familie, kennt er die Repressalien des DDR-Staates nicht nur aus Erzählungen. Der scharfe Ton, mit dem ihn der NVA-Musterungsoffizier als „Jugendfreund Hofmann" sogar wenige Monate vor der Wende zur Armee einziehen wollte, klingt ihm deutlich im Ohr. „Passender hätte das Ende der DDR für mich nicht kommen können. Ich war dann einer der ersten Zivis hier in der Region."
Dennoch: Das DDR-Kultauto lässt ihn nicht los und schließlich macht er sich auf die Suche nach seinem ersten eigenen Trabi – 20 Jahre nach der Wiedervereinigung. „Über das Internet habe ich dann einen gefunden. Das war aber mehr ein Müllhaufen als ein Trabant. Trotzdem bin ich nach Pirna gefahren, habe das Ding gekauft, auf einen Hänger verladen und es auf der Rückfahrt vor der Semperoper in Dresden mit Sekt getauft."
Bei dem einen ist es nicht geblieben. Inzwischen stehen ein wieder aufgebauter Rallye-Trabi, ein schicker P500 und ein P600 mit Campingausstattung in seiner Garage. Aus dem Hobby-Onlineversand, den er 2006 nebenher aufzog, ist inzwischen ein kleines mittelständisches Unternehmen mit 15 Mitarbeitern geworden. „Das hätte ich vor 20 Jahren auch nie für möglich gehalten. Aber was soll ich sagen: Der Trabi lebt!"

Streichholzschachtel statt Ticket: Ab in den Lutherkeller

Kein von Weitem leuchtender Schriftzug, kein überdimensioniertes Logo. Selbst ein kleines Hinweisschild sucht man vergeblich. Nichts deutet darauf hin, dass sich hinter der unscheinbaren Seitentür der Lutherkirche ein Stück Stadtgeschichte verbirgt. Wer nicht aufpasst, läuft beim ersten Besuch gepflegt am Eingang des Lutherkellers vorbei.

Aber wer in Zwickau handgemachte Musik sucht, wird hier fündig und das seit weit über 30 Jahren. Angefangen hat alles im Herbst 1985 als innerkirchliche Opposition, als Anlaufstelle für Andersdenkende: Mit einer Teestube in dem zuvor jahrelang ungenutzten und mit Spinnweben überzogenen Keller schlägt Frank Kirschneck, damals Jugendsozialarbeiter bei der Inneren Mission (heute Stadtmission) Zwickau, die erste Seite des Liederbuchs auf. Diesen Namen erhält die neue Veranstaltungsreihe, die unter dem schützenden Dach der Kirche jeden ersten Samstag im Monat Musikern, Liedermachern und Literaten eine Bühne bietet. „Wir mochten diese Menschen, die quasi mit all ihren Ecken und Kanten an die Öffentlichkeit gingen. Ihre Texte haben Mut gemacht", erinnert sich Andreas Voigt, der damals gerade 30 war.

Die Intimität des Lutherkellers und der Auftritt von Menschen, die in der Regel nicht auf den großen Bühnen zu finden sind, entwickeln sich bald zum Markenzeichen des Liederbuchs, schreibt Frank Kirschneck zum 30-jährigen Liederbuch Jubiläum im Jahr 2015. Es ist vor allem seine Stasiakte, die nach dem Ende der DDR offenbart, mit wie viel Argwohn die staatliche Obrigkeit das Treiben hinter den Kirchenmauern beobachtete. Von außen und von innen wohlgemerkt.

Bereits der Bericht eines Stasimitarbeiters zur Eröffnung des Lutherkellers spricht Bände: Der IM notiert ihm namentlich bekannte Besucher. Selbst ein vor der Tür parkender Trabi wird mit Nummernschild exakt vermerkt. „Neben vielen Amateurmusikern sind vor allem auch Leute bei uns aufgetreten, die keine Auftrittsgenehmigung hatten. Dadurch standen jedes Instrumentalkonzert und jeder harmlose Lyrikabend ebenfalls unter Generalverdacht, obwohl ich die Anzahl der Profimusiker an einer Hand abzählen kann", erzählt Andreas Voigt als Mitstreiter der ersten Stunde.
„Dass wir bespitzelt wurden, war uns damals schon klar. Wie nah dran mancher IM aber war, das hat im Nachhinein mitunter schon unangenehm überrascht." Einige der detailverliebten Berichte mögen aus heutiger Sicht belustigen, doch sogleich macht sich ein beklemmendes Gefühl breit. Bei diesen Worten hält Voigt Kopien von Briefen in den Händen, die er selbst geschrieben hat, um Künstler nach Zwickau einzuladen. „Wir wollten damals etwas verändern, wollten Freiraum für unsere Gedanken und den Austausch mit Gleichgesinnten, wollten uns

Mit einem Eröffnungswochenende nahm die Geschichte des Lutherkellers im September 1985 ihren Anfang.

gegenseitig Mut machen. Und dann siehst du alte Briefe in deiner Stasiakte wieder … in meinem Fall kann ich wohl von Glück sagen, dass nicht mehr passiert ist. Andere Leute sind für weniger in den Knast gegangen“, meint der Zwickauer nachdenklich. Weil die Liederbuch-Abende im Lutherkeller als innerkirchliche Veranstaltungen laufen, können die Behörden wenig ausrichten. Aber nur einige Wochen nach der Eröffnung schickt das Ministerium für Staatssicherheit regelmäßig Spitzel. In dem Schreiben vom 3. Oktober 1985 ist handschriftlich angemerkt, dass „jetzt unbedingt ein ständiger IM-Einsatz“ nötig wäre.
So steht ein treuer Staatsdiener Gewehr bei Fuß, als sich am 7. November 1987 der Liedermacher Stephan Krawczyk im Lutherkeller ansagt. Der 1955 im thüringischen Weida geborene Musiker ist als Sänger der Folkgruppe Liedehrlich zunächst ein gefeierter Stern am staatlich abgesegneten DDR-Musikhimmel. Dann wählt er jedoch seinen eigenen Weg, fällt in Ungnade und kann nur noch im Schutz der Kirche auftreten. Schließlich wird er gemeinsam mit seiner damaligen Frau, der Regisseurin Freya Klier, in einer perfiden Aktion wenige Monate nach dem Auftritt in Zwickau zur Ausreise gedrängt.
Zuvor beschreibt der IM diesen Abend in Zwickau detailliert und gut lesbar auf fünfeinhalb Seiten Karopapier: Demnach ist der Lutherkeller bereits um 19 Uhr überfüllt. Gegen 19.45 Uhr betritt Krawczyk die kleine Kellerbühne – mit einer Viertelstunde Verspätung. „Es war kurz vorher bekannt geworden, dass er in Zwickau auftreten wird. Daraufhin wurde auf Frank Kirschneck und die Kirchenleitung massiv Druck ausgeübt, das Ganze abzusagen. Während dieser Diskussion hatten sich aber schon viele Leute eingefunden. Schließlich übernahm der damalige Leiter der Inneren Mission die Verantwortung und das Konzert konnte trotzdem stattfinden. Natürlich hätte die Staatsmacht

einschreiten können und den Lutherkeller räumen lassen – aber man wollte das alles ja auch unter dem Deckel halten. Also ist nichts passiert", erinnert sich Andreas Voigt.

Die anschließende Gesprächsrunde mit Krawczyk, der heute in Berlin lebt und nach wie vor kritische Texte schreibt, wird penibel festgehalten. Besonders belastende Zitate werden in wörtlicher Rede notiert, die Reaktion der Zuhörer protokolliert. Zu den Konzerten und Lesungen kommen meist zwischen 20 und 40 Zuhörer, bei Krachern wie Krawczyk sind es weit über 100 – allein dank Mund-zu-Mund-Propaganda und kleinen Streichholzschachteln. „Da standen die Termine drauf", erzählt der Mittsechziger grinsend. Dass sich die Kulturenthusiasten aus dem Untergrund heraus erst eine Nische erobert und inzwischen in der Zwickauer Kulturlandschaft etabliert haben, darauf sind sie zu Recht stolz. Galt das Liederbuch vor und unmittelbar nach der Wende als Geheimtipp mit lockeren Strukturen, ist der erst seit 2008 offiziell eingetragene Verein inzwischen mit meist zwei Konzerten pro Woche fester Bestandteil im Veranstaltungskalender der Region. Mit kleineren Konzerten im Lutherkeller zu Hause, mit größeren Bands in der Aula der Pestalozzi-Schule oder der Lutherkirche und später im Alten Gasometer bespielt das Liederbuch über die Jahre wechselnde Bühnen der Stadt. Seit September 2009 ist eine ehemalige Kirche in Lichtentanne die wichtigste Spielwiese des Vereins. Das Kulturzentrum Sankt Barbara – liebevoll als „die Barbara" bezeichnet – drohte als Abenteuerspielplatz völlig zu verfallen, bis sich engagierte Lichtentanner ab 1998 einer der ältesten erhaltenen Dorfkirchen Sachsens annahmen und sie mittels ABM-Maßnahmen vor dem Aus retteten.

Unter der restaurierten Kassettendecke der fast 900 Jahre alten Kirche gibt es heute feinste handgemachte Musik von Künstlern aus aller Welt. Angefangen bei der Ikone der DDR-Bürgerrechtsbewegung Bettina Wegner, bis hin zu den legendären Holmes Brothers aus den USA: „Die Konzertreihe ist der Enge der DDR-Zeit entkommen und hat es geschafft, ein anspruchsvolles internationales Programm zu entwickeln“, so Andreas Voigt, der nach Jahrzehnten Liederbuch im Ehrenamt inzwischen als fest angestellter Geschäftsführer des Vereins aktiv ist.

Mit einer Streichholzschachtel kommt man heute nicht mehr weit, richtige Tickets und Programmhefte müssen es inzwischen schon sein. Doch den Charme authentischer Musik jenseits der Charts, die von Herzen kommt und das Herz berührt, das hat sich der Liederbuch e. V. bewahrt. Und so wird den 15 Aktiven, die ihre Künstlerinnen und Künstler hinter der Bühne gerne einmal mit Selbstgekochtem aus der eigenen Küche begeistern, nach mehr als 30 Jahren nicht bange. Stattdessen erfinden sich die Enthusiasten wieder einmal neu, mit Liederbuch-Hybrid-Konzerten, einer Onlineübertragung parallel zum Liveabend. „Kurz nach der Wende war Zwickau eine kulturelle Wüste. Wir wollten diese Nische füllen“, meint Andreas Voigt. Was damals mit viel Enthusiasmus geglückt ist, wird wieder funktionieren, davon ist er überzeugt.

Zum Bolzen in den Affenkäfig

„Als Kinder haben wir in den Neubauten am liebsten Fahrstuhl-Fanger gespielt. Die vier Zehngeschosser in der Leninstraße hatten drei Eingänge, unten im Keller und oben im neunten Stock gab es jeweils einen Übergang. Wir sind mit zehn, zwölf Kindern stundenlang die Treppen hoch, die Treppen runter, rein in den Fahrstuhl, raus aus dem Fahrstuhl. Natürlich immer mit lautem Gebrüll und Gekreische – so lange, bis uns die Hausbewohner weggejagt haben“, erinnert sich Andreas Müller grinsend an „sein“ Neuplanitz der 70er- und 80er-Jahre.

Nach Eckersbach ist es das zweitgrößte Plattenbaugebiet der Stadt. Im April 1973 wird der Grundstein gelegt, bis 1981 entstehen für rund 20 000 Zwickauer neue Wohnungen mit allem Komfort, und die waren heiß begehrt: „Wir sind mitten im Schuljahr umgezogen, 1977 war das.“ Von nun an ist ein Sechsgeschosser in besagter Leninstraße das neue Zuhause des damaligen Erstklässlers.

Zu dieser Zeit ist Neuplanitz eine einzige große Baustelle. Ein Abenteuerspielplatz für Andreas Müller und all die anderen Kinder. „Es waren ja hauptsächlich junge Familien, die hierher gezogen sind. Zum Spielen und Herumstromern fand sich also immer jemand.“ Und zum Unsinn anstellen: „Einmal sind wir in die unterirdischen Kollektorgänge eingestiegen, da waren wir so elf oder zwölf. Darüber waren die einzelnen Blöcke miteinander verbunden. Wir konnten von der Allendestraße bis zum Baikal laufen, das war ein Abenteuer! Doch dann bog der Gang um eine Kurve und wir wären fast einem Trupp Bauarbeiter in die Arme gelaufen. Da sind wir alle schnell stiften gegangen, jeder krabbelte durch ein anderes Fenster zurück ins Freie“, berichtet er lachend.

Auch an den legendärsten Fußballplatz von ganz Neuplanitz kann sich der Zwickauer bestens erinnern. „Alle nannten den Platz nur den Affenkäfig, weil er einen drei Meter hohen Zaun hatte. Aber auch Asphalt und richtige Tore“, erzählt er mit vor Begeisterung strahlenden Augen. Doch der Platz ist den sowjetischen Mitbürgern vorbehalten, die einen Block weiter wohnen und eine gewisse Sonderbehandlung erfahren, darunter besagten niegelnagelneuen Bolzplatz. Nichts mit deutsch-sowjetischer Freundschaft. Ein verschlossenes Tor sorgt für strikte Trennung. Den DDR-Kindern bleibt nur die Wiese oder ein Ascheplatz.

Abkühlung an einem heißen Junitag 1979: Der Brunnen vor der Konsum-Kaufhalle in der Ricarda-Huch-Straße wird im Sommer als Badevergnügen genutzt.

„Aber eines Tages waren es nicht genügend Spieler, also haben sie uns gefragt, ob wir mitspielen. Irgendwann ging dann der Schlüssel verloren und der Affenkäfig war für alle da."
Die Erinnerungen sind ihm kostbar, gern denkt er zurück. „Aber klar, die ‚Rotlicht-Bestrahlung' beim Fahnenappell oder den Pionierkreis einmal in der Woche, das hätte ich mir lieber geschenkt." Ein Erlebnis ist ihm besonders in Erinnerung geblieben. „Es muss in der 6. oder 7. Klasse gewesen sein. Im Unterricht haben wir über den Zweiten Weltkrieg und den Einmarsch der Wehrmacht gesprochen." Sein Großvater hatte ihm zuvor einmal von der „Verbrüderung mit dem Feind" berichtet: Als junger Soldat traf er mit seiner Truppe mitten in Polen auf die Sowjets. „Das habe ich im Unterricht freimütig zum Besten gegeben, ohne mir viel dabei zu denken", erzählt Andreas Müller.
Doch damit widerspricht er der offiziellen DDR-Geschichtsschreibung und seiner Geschichtslehrerin und die gibt Stabü, also Staatsbürgerkunde. Wenige Tage später müssen Vater und Opa in der Schule beim Direktor antreten. Es gibt eine Verwar-

nung. Der Großvater bekommt als privater Dachdeckermeister fortan keine Aufträge mehr von der Schule. „Da habe ich das erste Mal gemerkt, dass es so etwas wie einen Maulkorb gibt und wir Kinder eine ideologisch eingefärbte Wahrheit lernen."

Ein Besuch der West-Verwandtschaft aus Würzburg hat sich ihm ebenfalls ins Gedächtnis eingebrannt. „Die Cousine meiner Oma kam mit einem großen Ford Granada, hielt unten vor dem Block. Gemeinsam mit ihrem Mann Egon lud Jutta die Koffer aus. Das hat keine zwei Minuten gedauert. Aber als sie wieder rauskam, sagte sie nur ‚Das gibt's doch nicht' und guckte ungläubig auf ihr Auto." Der Herzsticker von der Landesgartenschau Würzburg ist weg.

Wenig später sitzt die Familie am Kaffeetisch, der Aufkleber ist bereits vergessen, da klingelt es an der Tür. Draußen steht der ABV und verlangt die Oma zu sprechen. Ihm sei zu Ohren gekommen, dass ein „Bürger aus dem kapitalistischen Ausland" jemanden des Diebstahls bezichtigt hätte. „Meine Oma wiegelte das dann ab, sie wollte keinen Ärger. Aber da muss ja ein Nachbar aus dem Haus hinter der Gardine gelauert, diesen Satz von Jutta gehört und sie dann beim ABV angezählt haben. Das war halt auch Neuplanitz zu DDR-Zeiten", sagt Andreas Müller.

Mit der Wende kehrt er Zwickau und Neuplanitz wie so viele andere den Rücken. Er will sich den „goldenen Westen" selbst ansehen. Doch ausgerechnet die erste Westmilch bei der Verwandtschaft in Würzburg ist eine Enttäuschung: „Ich trinke für mein Leben gern Milch. Also hat mir Jutta ein Glas Milch gegeben. Da meinte ich nur, Jutta, die ist schlecht. Nein, die ist gut, die ist nur haltbar, das kennt ihr drüben nicht, hat sie geantwortet. Da dachte ich bei mir: Zu Recht. Wenn die Milch so schmeckt, dann kann der Westen ja nicht so golden sein." Seit 1993 lebt Andreas Müller wieder in seinem Zwickau, inzwischen aber in der Bahnhofsvorstadt.

Legendär: Die Mocc in der Villa Wolf

Elegant in Gold gerahmt blickt Paul Wolf streng in die Runde. Das klassisch gehaltene Porträt des Industriellen gehört heutzutage nicht mehr zu der Sorte Gemälde, die man sich unbedingt ins Wohnzimmer hängen möchte. „Es ist schon ein wenig so, als würde uns mein Großvater auf Schritt und Tritt beobachten“, meint Roger Paul Bitoun augenzwinkernd. Die Familie will das Ölgemälde deshalb in gute Hände geben. Paul Wolf wird also auf seine alten Tage umziehen: „Der Herr Kommerzienrat soll wieder in seiner Wolfschen Villa in Zwickau hängen“, sagt der Enkelsohn, der seit 1959 in der Schweiz lebt. Mit der nächsten Reise vom Thunersee nach Sachsen wird Paul Wolf zurückkehren in sein einstiges Wohnhaus, das längst ein Zwickauer Wahrzeichen ist.

Über sich den mondänen Kristallkronleuchter, an den Wänden dezentes Anthrazit, dazwischen edles Gold. Die durch die großen französischen Fenster einfallende Sonne taucht den weiten Raum in weiches Licht. Man muss nur die Augen schließen, einen Moment loslassen und schon sitzt man inmitten eines prächtig ausstaffierten Salons.

Die neobarocke Villa mit Jugendstilelementen ist aber längst nicht mehr das ruhige Wohnhaus der Familie Wolf mit Blick ins üppige Grün. Wenn einen nicht der Krankenwagen mit mörderisch lauter Sirene an einer der meist befahrensten Kreuzungen Zwickaus zurück ins Hier und Jetzt holt, dann ist es der nächste Vierzigtonner, der von der Reichenbacher Straße kommend auf die Humboldtstraße einbiegt. Die zentrale Lage hat dem Haus aber keinen Abbruch getan, ganz im Gegenteil. Zu DDR-Zeiten als Mokka-Milchbar legendär, nach der Wende schlicht Moccabar: Generationen von Zwickauern gingen hier seit 1960 nach

Zu DDR-Zeiten legendär: In der Mokka-Milchbar lernten sich unzählige Paare kennen und lieben.

dem Umbau zur HO-Gaststätte tanzen. Als Wohnhaus hatte der prunkvolle Familiensitz nach 1945 ausgedient.

„Unsere Mutter Erika zog sich mit ihrer Mutter zum Kriegsende in die Oberpfalz zurück, wo unser Urgroßvater Carl ein Jagdhaus und unser Großvater ebenso eine Villa besaß, den Rosenhof", erzählt Roger Bitoun. Jener Carl Wolf hatte 1882 die Sicherheitsgrubenlampe erfunden. Gemeinsam mit seinem Geschäftspartner Heinrich Friemann gründet er die Firma Friemann & Wolf. Die Zwickauer sind bald die größten Grubenlampenhersteller der Welt, die Erfindung macht sie reich. Paul Wolf tritt in die Fußstapfen des Vaters und lässt seinem gesellschaftlichen Rang entsprechend ab 1910 die Wolfsche Villa bauen.

An exponierter Stelle, direkt am Eingang zum Zentrum, sorgt allein der Grundriss für Aufsehen. Ein zentraler Rundbau mit zwei spitzwinklig angeordneten Seitenflügeln, dazu die ausladende Terrasse und die mit Kupfer bedeckte Kuppel. Im März 1913 erscheint in der renommierten „Deutschen Bauzeitung" ein üppig illustrierter Artikel über das Gebäude. Ausführlich widmet sich die Berliner Fachzeitschrift dem „Prachtbau aus Poselwitzer und Cot-

taer Sandstein“ und lobt die „vortreffliche Gruppierung der Baumassen, die etwas an französische Vorbilder anklingt, jedoch ihre volle Selbstständigkeit bewahrt“. Die ausschweifende, fast überladene Verzierung des Gebäudes mit unterschiedlichsten Elementen wie den beiden Sphinxen zieht die Blicke auf sich.
Paul Wolf lässt das Wohnhaus der Familie zudem nicht mit einem Keller errichten, stattdessen entsteht ein Sockelgeschoss mit unterschiedlich angelegten Fußbodenhöhen. Darin sind bis zum Ende des Zweiten Weltkrieges, als die Familie das Haus hergeben muss, die Wohnung des Hausmeisters, Lager- und Technikräume sowie eine Garage untergebracht. Zudem gibt es bereits eine kleine Trinkhalle unterhalb der Terrasse, damals als Wandelgang bezeichnet. Die übrigen fast 540 Quadratmeter im Erd- und Obergeschoss nutzt die Familie als Wohnräume: Salon und Speisezimmer, Wintergarten, Herren- und Damenzimmer mit Ankleide, Räume für die Kinder und deren Erzieherinnen, Gästezimmer und Zimmer für das Dienstpersonal sowie ein großer Frühstückssalon unterhalb der Kuppel bieten der Fabrikantenfamilie in über 20 Räumen ausreichend Platz.
Erika, Alleinerbin des Wolfschen Vermögens, kehrt nach dem Krieg nicht mehr zurück. Nachdem die Eigentumsverhältnisse einige Zeit ungeklärt in der Schwebe verharren, wird die „Kapitalistenfamilie“ 1954 schließlich enteignet. Die zeitweise weltgrößten Grubenlampenwerke wurden bereits 1952 zu DDR-Staatseigentum erklärt, die Niederlassung in Duisburg wird das neue Stammwerk auf der anderen Seite der deutsch-deutschen Grenze. Paul Wolf stirbt 1936. Den Ausverkauf seines Lebenstraums erlebt er nicht mehr. Sein Enkelsohn Axel kommt 1946 in Oberbayern zur Welt, der jüngere Bruder Roger zwei Jahre später in der Oberpfalz. Ihr Vater ist ein französischer Kriegsgefangener, den die Mutter inmitten der Nachkriegswirren kennenlernt. Bei einem

Zahnarztbesuch – denn Vater Roger Adolphe hatte vor Kriegsausbruch ein Zahnarztstudium begonnen und ist nun vormittags in einer Zahnarztpraxis und nachmittags im Kreiskrankenhaus als Helfer eingesetzt, erzählt Axel Bitoun. Dem offiziellen Verbot zum Trotz verlieben sich die beiden ineinander. „Meine Eltern haben in all diesen Jahren viel erlebt. Schließlich ließen sie 1959 Deutschland hinter sich und gingen mit uns Kindern in die Schweiz. Das Kapitel Zwickau und die Villa Wolf waren ad acta gelegt, insbesondere für unsere Mutter, die bis zu ihrem Tod nie zurückgekehrt ist", ergänzt Roger Bitoun.
Die Familie findet am Thunersee in der Nähe von Bern ein neues Zuhause. Jahrelang ist Zwickau weit weg. Nur hin und wieder erfahren die Bitouns durch Bekannte und Freunde aus der Ferne Neuigkeiten über die einstige Heimat. Mit dem Ende der DDR erhalten sie ihr Eigentum zurück. „1990 bin ich das erste Mal mit meinem Vater nach Zwickau gereist. Mit großen Augen haben wir uns den real existierenden Sozialismus angesehen. Über der Stadt hing damals ein eigentümlicher Geruch, der mir bis heute in der Nase geblieben ist." Um die Villa zurückzubekommen, müssen sie Hypotheken in Reichs- und Goldmark auslösen. Zunächst eher unfreiwillig mit dem Familienerbe konfrontiert, zieht das imposante Gebäude den Wolf-Enkel bald in seinen Bann, zumal Roger Bitoun beruflich ebenfalls mit Immobilien zu tun hat.
Vom damaligen Verwalter erfährt er viel über die bewegte Geschichte des Hauses vor 1990: Nachdem die Villa zum Volkseigentum erklärt worden war, wurde sie die nächsten Jahre für verschiedene Gewerbe genutzt. Unter anderem war eine Schildermalerei darin untergebracht. 1960 zieht die HO ein. Von nun an gilt die Milchbar als der Treffpunkt der Stadt. „Aus dieser Zeit kann jeder zweite Zwickauer eine eigene Geschichte erzählen, unzählige Paare haben sich hier kennengelernt. So feierte ein Paar aus Hamburg

bei uns Hochzeit. Für die gebürtigen Zwickauer war die Moccabar ihr Jugendzimmer – deshalb wollten sie unbedingt hier heiraten", erzählt Michael Uhlig. Der Zwickauer Architekt hat die ‚Mocc' gemeinsam mit ein paar Freunden ab 2007 Stück für Stück wiederbelebt, nachdem es mit dem Image der alten Dame zuvor stetig bergab gegangen war und die Türen immer wieder verschlossen blieben. Zunächst als Tagesgastronomie, später als Eventlocation, die man mieten kann, hat sich das Wahrzeichen mit neuem Namen als Villa Mocc unter Marcel Kummers als dem Mann fürs operative Geschäft erfolgreich zurückgemeldet.

Der Umbau selbst brachte die ein oder andere Überraschung mit sich: „Im Personaltreppenhaus haben wir hinter einer Trockenbauwand eine versteckte Tür gefunden. Dahinter befindet sich ein kleines Zimmerchen mit Fenster, von dem aus der Küchenchef dem Küchenpersonal auf die Finger sehen konnte. In den Plänen ist davon nichts zu sehen", berichtet der Architekt. Bei einem hartnäckigen Gerücht hingegen muss er passen: Demnach soll es einen Geheimgang als Fluchtmöglichkeit zum Schwanenteichgelände geben. Vorstellbar bei einem überaus reichen Bergbauunternehmer wie Paul Wolf. Aber: „Wir konnten nichts entdecken. Hier und dort haben wir gebohrt, zumal die unterschiedlichen Fußbodenhöhen einige Rätsel aufgeben. Doch Hohlräume haben wir nicht gefunden, geschweige denn einen Gang", so Michael Uhlig.

Ob die alte Dame also kein Geheimnis hat oder es nur noch nicht gelüftet wurde, bleibt offen. Auf jeden Fall ist sie etwas Besonderes, da sind sich der neue und der alte Besitzer einig. „Diese Villa ist kein Renditeobjekt, deshalb wollten wir sie nie irgendwelchen Glücksrittern überlassen. Aber mit dem Tod beider Eltern stellte sich die Frage: Was nun? Wie erhalten wir dieses Gebäude? Da kam eigentlich nur Gastronomie infrage", meint Roger Bitoun.

Mit dem Lebensmittelpunkt in der Schweiz sei das auf Dauer nicht zu realisieren gewesen. „Also haben wir den Entschluss gefasst, uns davon zu trennen und das Familienerbe in gute Hände vor Ort zu geben, die wir bei Michael gefunden haben. Als Fachmann hat er ein gutes Gespür für dieses wunderbare Gebäude.“ Und das Ziel, den besonderen Charme der Villa Wolf zu bewahren. Ganz gleich, ob Hochzeiten, Tagungen, Tanzschule, Esstheater oder lauschiger Jazzabend in gediegener Clubatmosphäre – das Konzept wird behutsam weiterentwickelt. „Dieses Haus hat eine Geschichte, einen Charakter, einen gewissen Geist, den wir lebendig halten wollen“, sagt Michael Uhlig, der sich mit seinem Architekturbüro ABOA im Obergeschoss eingerichtet hat.
Der einstige Frühstückssalon der Familie Wolf ist jetzt ein lichtdurchfluteter Besprechungsraum. Historische Ansichten und der Artikel aus der Bauzeitung von 1913 zieren die Wände. Man spürt die Verbundenheit zu diesem mondänen Gebäude, das auch die Brüder Bitoun nicht loslässt. „Das ist schon eine besondere Bindung. Es sind die eigenen Wurzeln, die man dann doch nie so ganz abstreifen kann.“

Schumann ist meine erste Liebe

Schumann für alle: Der 1810 in Zwickau geborene Komponist ist unbestritten der berühmteste Sohn der Stadt. Zwickau hat natürlich auch August Horch, Max Pechstein und Gert Fröbe, aber mit „ihrem“ Robert verbindet die Zwickauer bereits zu Lebzeiten des Künstlers eine besondere Liebe. Sein letzter Aufenthalt in seiner Geburtsstadt ist zugleich der Beginn einer bis heute währenden Tradition: Jedes Jahr am 8. Juni feiert die Stadt Roberts

Geburtstag. Er selbst dirigierte beim ersten Schumann-Fest im Jahr 1847 seine 2. Sinfonie im Zwickauer Gewandhaus. Zudem beschenkte er sich selbst und alle anderen mit einem eigens komponierten Chorwerk.

Eingeweiht am 8. Juni 1901, ist das Denkmal am Hauptmarkt mit dem versonnen bis träumend blickenden Schumann neben dem Dom das Wahrzeichen der Stadt und ein überaus beliebtes Fotomotiv. Dabei musste Robert ganze drei Mal umziehen, stand unter anderem am Schwanenteich. Erst seit 1993 sitzt er nun wieder dort, wo er hingehört: Im Zentrum der Stadt. Hier hat er seine Zwickauer im Blick – und sie ihn.

Schumann und Zwickau, das ist eine Geschichte mit vielen Facetten: seit 1910 mit eigenem Schumann-Museum, das seit 1956 im Geburtshaus untergebracht ist. Seit 1993 nennt sich Zwickau offiziell Robert-Schumann-Stadt. Und spätestens seit dem 200. Geburtstag des Komponisten im Jahr 2010 ist Zwickau endgültig schumannisiert: „Schumann lässt uns nicht mehr los und das ist auch gut so", brachte es der frühere Finanzbürgermeister Bernd Meyer treffend auf den Punkt.

Insgesamt vier Preise vergibt die Stadt im Namen ihres berühmten Sohnes: Alle vier Jahre findet der Internationale Robert-Schumann-Wettbewerb statt, seit 1956 einer der traditionsreichsten Musikwettbewerbe für Klavier und Gesang weltweit. Der Kleine Schumann-Wettbewerb fördert alle zwei Jahre begabte Nachwuchspianisten und der Internationale Robert-Schumann-Chorwettbewerb holt im Vierjahresrhythmus die Welt nach Zwickau und stimmgewaltige Chöre auf die Bühne.

Der Robert-Schumann-Preis der Stadt Zwickau geht alle zwei Jahre an herausragende Musiker, Musikwissenschaftler oder Musikinstitutionen. Aktueller Preisträger ist Thomas Synofzik, seit 2005 Leiter des Zwickauer Robert Schumann-Hauses.

Damit würdigt Zwickau sein außerordentliches persönliches Engagement rund um Schumann ebenso wie die wissenschaftliche Arbeit des Zwickauer Schumann-Forschers.
„Zwickau war für mich immer ein Begriff: als das Mekka der Schumann-Forschung“, sagt er. Und meint damit ausdrücklich nicht nur Robert, sondern auch Clara Schumann, geborene Wieck. Vor rund 100 Jahren erwarb Zwickau den Nachlass des Künstlerpaares und verfügt damit über die weltweit größte Schumann-Sammlung. Das Robert-Schumann-Haus ist also Museum, Archiv, international anerkannte Forschungsstelle und begehrter Konzertsaal in einem.
Schumann-Fan wurde Thomas Synofzik aber schon lange vor Antritt seiner Stelle in Zwickau. „Ich habe als Fünfjähriger eine Schallplatte mit Kinderliedern geschenkt bekommen, darauf waren drei Stücke aus Schumanns Album für die Jugend“, erinnert er sich. Die spielt er auf dem Klavier bald nach, ohne Noten, nur nach Gehör. Mit zwölf bekommt er eine für Kinder geschriebene Biografie über Clara Wieck in die Hände – die Frau des Komponisten seiner Kinderstücke. Ein Aha-Erlebnis. „Von da an habe ich über Schumann alles gelesen und gehört, was ich kriegen konnte.“ Als Schüler reist er häufig nach London, durchstöbert Antiquariate nach Schumann und hört die Zwickauer Schumann-Preisträgerin Nelly Akopian bei einem Klavierabend, wie er erzählt.
Mit 14 darf er zum ersten Mal allein verreisen. Aber er geht nicht zelten, wie es vielleicht andere in seinem Alter tun würden. Der junge Schumann-Fan fährt von seinem Wohnort Unna bei Dortmund nach Düsseldorf zum ersten Schumann-Kongress. Beim zweiten Düsseldorfer Schumann-Kongress 1985 begegnet er den Zwickauer Schumann-Haus-Direktoren Martin Schoppe und Gerd Nauhaus – ohne zu wissen oder gar zu ahnen, dass er einst

Thomas Synofzik 1991 in seiner Kölner Studentenwohnung. In seinem umfangreichen Buchregal füllt allein Schumann ganze drei Regalböden.

deren Nachfolge antreten wird. „Das ist im Nachhinein schon ein kurioser Gedanke", meint er lächelnd, während er in Zwickaus Kammermusiksaal am Hauptmarkt 5 sitzt. Auf Schoppe trifft er erneut 1989 in Dortmund, wo dieser im Rahmen der gerade geschlossenen Städtepartnerschaft zu einem Vortrag über das Schaffen des romantischen Komponisten eingeladen ist.

Ungeachtet der deutsch-deutschen Teilung haben die Schumann-Experten beiderseits der Mauer ein gemeinsames Ziel: eine neue Gesamtausgabe des musikalischen Werks. „Das war aber ohne die Zusammenarbeit mit den ostdeutschen Kollegen und den umfangreichen Quellenbestand in Zwickau undenkbar", erklärt Thomas Synofzik. Für die Forscher aus dem Westen ist der Zugang zu den Quellen in Zwickau von Staats wegen allerdings alles andere als einfach. Den komplizierten politischen Verhältnissen zum Trotz entsteht dennoch ein enger Austausch, der nicht immer ungefährlich ist, dafür meist sehr abenteuerlich. Thomas Synofziks Studienwunsch steht nach diesen frühen Erfahrungen schnell fest: Musikwissenschaft muss es sein.

Obendrauf sattelt er ein Studium zum Musiklehrer und studiert historische Tasteninstrumente in Köln und Brüssel. Zur Magisterarbeit bewegt ihn Schumann, bei der Promotion widmet er sich der Musik des 17. Jahrhunderts. Über verschiedene Stationen als Hochschuldozent, beim Rundfunk und als Konzertcembalist bleibt Schumann für ihn viele Jahre ein Hobby. Dass er einmal jeden Tag mit Schumann zu tun haben könnte, das war lange Zeit nur ein Wunschtraum – bis er sich für die frei gewordene Stelle als Leiter des Zwickauer Schumann-Hauses bewirbt und tatsächlich seinen Traumjob bekommt!

„Trotz einiger Forschungsaufenthalte hatte ich damals aber kaum Vorstellungen von Zwickau. Aber was soll ich sagen: Ich war schon immer sehr ostliebend, habe nicht zuletzt eine Schwäche für ostdeutsche Rockmusik", meint der gebürtige Dortmunder, der inzwischen in Zwickau zu Hause ist. So wie er auf seinem in die Jahre gekommenen Drahtesel mit wehendem Mantel und wehendem Haar unterwegs ist, gehört er für kundige Kultur-Zwickauer und Schumann-Kenner längst zum Stadtbild. „Zudem fand ich es einfach spannend, den umgekehrten Weg Schumanns zu gehen." Robert Schumann zog es nämlich 1850 als gefeierter Komponist Richtung Westen, in Düsseldorf wurde er städtischer Musikdirektor. Ein Nervenleiden, über dessen Wesen sich die Schumann-Experten bis heute nicht ganz sicher sind, treibt den Vater von acht Kindern zu einem Selbstmordversuch. Daraufhin wird der Künstler in einer Nervenheilanstalt in Endenich bei Bonn untergebracht, wo er am 29. Juli 1856 im Alter von nur 46 Jahren stirbt.

Wie kaum ein anderer kennt Thomas Synofzik jede Lebensstation und unzählige Äußerungen des Komponisten. Das könnte daran liegen, dass er so ziemlich jeden Brief aus dem Nachlass des Künstlerpaars gelesen hat. Rund 20 000 Briefe umfasst die Korrespondenz der Schumanns, die der Künstler – zur Freude der Forscherinnen und Forscher – fein säuberlich dokumentiert hat. „Robert Schumann hat den größten Teil der an ihn gerichteten Briefe gesammelt und geordnet. Das sind 28 geheftete Bände mit rund 5500 Briefen“, erzählt der Schumann-Experte. Zwar liegen im Zwickauer Archiv im Original „nur“ rund 2500 Briefe von Clara und etwa 500 von Robert, die übrigen werden unter anderem im polnischen Krakau aufbewahrt. Dank der technischen Möglichkeiten sind alle bekannten Briefe digital verfügbar. Tausende Kontakte umfasst die Korrespondenz des Paares, das sich gegenseitig über all die Jahre gegenseitig Hunderte Briefe schrieb, die die Beziehung der beiden für die Nachwelt lebendig werden lassen.

Bis 2025 sollen diese 20 000 Briefe in 50 Bänden als Gesamtausgabe erscheinen. Als Projektleiter nimmt sich Synofzik jeden einzelnen Brief vor. Hinzu kommen die Privatbibliothek, Einrichtungsgegenstände und Hunderte Notenblätter aus dem Nachlass. Es überrascht daher niemanden mehr, wenn er kleine Begebenheiten aus dem Leben der Schumanns zum Besten gibt, als hätten sie sich persönlich gekannt.

„Eine der ehelichen Anekdoten, an die Robert Schumann noch in einem Brief aus der Endenicher Heilanstalt erinnert und die wir nur durch die Kombination von Brief- und Tagebuchdokumenten rekonstruieren können, betrifft einen Ring mit fünf Brillanten, den er Clara 1844 zum Geburtstag schenkte und den sie danach immer trug.“ Kaum ein Jahr später verliert Clara einen der Brillanten. Ein ehrlicher Finder bringt ihn ihr jedoch zurück. Weitere 15 Jahre vergehen. Robert Schumann ist bereits gestorben, da vermisst Clara Schumann erneut einen der Brillanten an ihrem Ring. In einem Brief berichtet sie über das Glückserlebnis, ihn zum zweiten Mal auf denkbar süße Art und Weise zurückzubekommen: „Als ich gestern Abend Eierkuchen esse, und aus einer Tüte mit Zucker einen Löffel voll nehme und eben einen süßen Bissen hinunterschlucken will, glänzt mir im Zucker mein verlorner Brillant entgegen; ich konnte mich lange nicht von meinem Erstaunen erholen, und glaubte nicht eher, daß er es war, als bis ich ihn in die Fassung probiert, und als richtig erkennen mußte. Hatte er also während 8 Tagen, wo ich um ihn getrauert, in süßester Ruhe gelegen. Ich mußte mir hinterher noch alle möglichen Fälle denken, wie ich hätte können zum zweiten Male darum kommen!!!!!“, zitiert Thomas Synofzik aus Claras Brief, festgehalten in der Schumann-Brief-Edition.

Dass er heute die Schumann-Arbeitstagungen organisiert, die er in den 90ern regelmäßig besuchte – auch das hätte er sich während seines Studiums in Köln nie träumen lassen. Ebenso wenig wie das Lösen eines Rätsels, über das er als Student stolpert: „An der Kölner Musikhochschule gibt es eine sehr gute Bibliothek mit reichen Altbeständen. Bei einer Recherche fielen mir die Druckausgaben von zwei Chorliedern in die Hände, die im Werkverzeichnis nicht aufgeführt sind.“

Der ersten Euphorie folgt die Skepsis des Wissenschaftlers: „Nur weil Robert Schumann draufsteht, muss noch lange nicht Schumann drin sein“, formuliert er es wunderbar salopp. Die Jahre vergehen, Synofzik legt die Chorlieder zur Seite. Ganz vergessen kann er sie aber nie. Als er schließlich in Zwickau seine neue Stelle antritt, findet er endlich die Zeit, sich genauer im Archiv umzusehen. Und tatsächlich: Er spürt die zwei Lieder auf und dazu viele weitere Angaben, die es im Kölner Archiv so nicht gab. Über das Zugangsbuch des Robert-Schumann-Hauses, in dem alles dokumentiert wird, was Museum und Forschungsstätte aufnehmen, findet er endlich den entscheidenden Hinweis.

„Ich konnte jetzt mit Sicherheit davon ausgehen, dass Robert Schumann diese beiden Chorlieder komponiert hat, denn der Zugang der Druckausgaben erfolgte über den Nachlass eines engen Freundes." Zum 200. Geburtstag werden die beiden Chorlieder in Schumanns Geburtsstadt endlich uraufgeführt – weil Thomas Synofzik all die Jahre an der Sache drangeblieben ist. Zurückhaltend berichtet er von dieser Episode, aber dem Gesicht des Kenners ist die Freude über diesen Coup deutlich abzulesen.

Ebenso glücklich ist der erklärte Schumann-Fan über die (wieder-)gefundene Begeisterung für Clara Schumann, die Zwickau 2019 zu ihrem 200. Geburtstag gleich ein ganzes Jahr lang feiert. Die in Leipzig als Clara Wieck geborene Ausnahmekünstlerin fand lange Zeit „nur" als Ehefrau von Robert Schumann Erwähnung. „Dabei war Clara nicht nur eine große Pianistin. Sie kann wirklich gleichberechtigt neben anderen romantischen Komponisten stehen", ist Synofzik überzeugt. „Zudem hatte Clara unzweifelhaft eine enge Verbindung zu Zwickau. Sie gab hier viele Konzerte, auch wenn sie nie in Zwickau gelebt hat." Ihr erstes Klavierkonzert in Zwickau gibt das als Wunderkind gefeierte Mädchen mit 13 Jahren. Erstmals öffentlich betritt sie als Neunjährige die Bühne des Leipziger Gewandhauses. „Das war zu dieser Zeit für derart begabte Mädchen nicht üblich. Das Besondere bei Clara ist, dass sie auch nach ihrer Heirat nicht von der Bildfläche verschwand." Die 13 Jahre andauernde Ehe, während der Clara acht Kinder zur Welt bringt und trotzdem auf Konzertreisen geht, ist von Anfang an eine Künstlerpartnerschaft.

Nach dem Tod ihres berühmten Mannes will Clara ein bestimmtes Bild des Komponisten prägen. Das hat die Musikforschung inzwischen herausgefunden, nachdem sie Clara zunächst jahrzehntelang links liegen ließ und erst in den 90er-Jahren genauer in den Blick nahm. „Clara hat nachweislich fünf Cello-Romanzen verbrannt, die vermutlich in Roberts letzten Schaffensjahr entstanden sind und ihr wohl als nicht gut genug erschienen“, plaudert Thomas Synofzik aus dem Nähkästchen der Musikwissenschaft. Wenn er im Geburtshaus des Künstlers arbeitet und selbst an einem der historischen Instrumente ein Konzert gibt, fühlt er sich den Schumanns tief verbunden. „Über all die Zeit habe ich schon eine sehr enge Beziehung zu den beiden entwickelt. Auch wenn es sich nicht um das originale Gebäude handelt, sondern um die 1956 an dessen Stelle errichtete Rekonstruktion, spürt man sie doch hier in diesen Räumen, zwischen all diesen Dingen, die einmal zu ihrem Leben dazugehört haben“, kommt er ins Schwärmen.

„Genau genommen ist Schumann meine erste Liebe“, meint Synofzik lachend. Doch auch seine zweite hat mit dem Komponisten zu tun. Ohne die Stelle in Zwickau hätte er seine Frau Katrin wahrscheinlich nie kennengelernt. Der Witz an der Sache: „Sie kommt auch aus Unna, wo ich aufgewachsen bin. Wir sind uns aber erst hier in Zwickau über den Weg gelaufen.“ Es folgt eine Lovestory, die man dem mitunter ein klein wenig spröde wirkenden Schumannhaus-Leiter nicht unbedingt zutraut: Innerhalb von nur zwei Wochen zieht die Juristin bei ihm ein, fünf Monate später wird geheiratet. „Es hat einfach gepasst.“ Inzwischen hat das Paar drei Kinder, die auf Zwickauer Gymnasien gehen.

Geht es bei Thomas Synofzik eigentlich auch einmal ohne Schumann? „Naja, ich verbringe schon mein halbes Leben mit ihm“, gibt er offen zu. Da er sich fernsehen als Schüler abgewöhnt hat, läuft Musik. Schumann – aber nicht nur. Beethoven und italienische Opern, etwa von Verdi oder Puccini, kommen bei ihm allerdings nicht auf den Plattenteller.

Lass uns in die 14 gehen!

Urig gemütlich am Tresen im Erdgeschoss. Gediegen eine Treppe höher unter alten Holzbalken aus dem Entstehungsjahr 1470. Luftig modern im angeschlossenen Neubau mit gläserner Küche und lauschigem Rosengarten. Das alles ist das Gasthaus 1470 oder besser „die 14", wie Kneipenwirt Andreas „Andi" Saller die alte Dame liebevoll nennt. Seit 2015 steht der gebürtige Münchner hinter dem Tresen, kreiert neben köstlichem Essen mit viel Leidenschaft ausgefallene Gin Tonics, die die Geschmacksknospen zum Jubilieren bringen. Rund 80 Gin-Sorten, darunter auch ein hauseigener 1470-Gin, stehen in den dezent beleuchteten Regalen hinter dem Herzstück der Kneipe. Hier bewirtet der Chef an den meisten Abenden höchstpersönlich seine Gäste, die er lieber als Freunde und Familie bezeichnet.

„Die 14 hat mich schon immer fasziniert, die familiäre Atmosphäre. Das hier ist so ein bisschen wie ein Wohnzimmer", meint er grinsend und hält den Daumen nach oben. Mit eben jenem Daumen räumt er bei der Kabel-Eins-Sendung „Mein Lokal Dein Lokal" im Februar 2020 Platz 1 ab. Seitdem ist die „14" noch ein Stückchen bekannter, aber nicht weniger charmant.

Das Gasthaus in einem historischen Gebäude in der Marienstraße war lange Zeit Sallers Stammkneipe. „Ich hatte damals noch die Zwickauer Edelschmiede in der Hauptstraße. Weil das 1470 schon ab 17 Uhr geöffnet hatte, habe ich mir hier immer noch einen Espresso gegönnt, bevor ich 18 Uhr die Tür zu meinem eigenen Laden aufgeschlossen habe."

Mit der damaligen Wirtin Nadine Ständer eng befreundet, steht irgendwann die Option im Raum, das Gasthaus von ihr zu übernehmen. Doch der Bayer mit italienischen Wurzeln hatte gerade eine Schaffenskrise, wollte eigentlich raus aus der Gastronomie.

Andi Saller in „seinem“ Gasthaus 1470, das er liebevoll „die 14“ nennt.

„Aber wie das so ist: Wir trafen uns irgendwann wieder und die Frage war immer noch dieselbe.“ Mit einem monatlichen Gin-Abend beginnt seine Zeit in der „14“ und sechs Monate später ist er der neue Chef.

Keine drei Jahre am Ruder, muss er allerdings eine Entscheidung treffen: entweder einmal komplett umbauen oder dichtmachen. „Wir hatten eine Brandschutzbegehung, die ging 45 Minuten. 30 Minuten davon war ich wie gelähmt, habe drei Kaffee getrunken, an die 20 Zigaretten geraucht“, erinnert er sich. Neue Brandschutzbestimmungen verlangen Notausgänge und Fluchtwege. „Wir hatten vorne und hinten eine Tür, das war alles. Also machten wir die Kneipe erst mal zu. Für ganze 45 Minuten.“

Andi Saller wäre nicht Andi Saller, wenn er nach der ersten Schockstarre nicht sofort in den Angriffsmodus umschalten würde. Mit einer weiteren Zigarette in der Hand greift er zum Telefon: Ein Tischler kommt und reißt Bänke heraus, die den Fluchtweg versperren. Keine 24 Stunden später steht ein Gerüst als einer von drei erforderlichen Fluchtwegen. „Mit dieser Übergangslösung konnten wir zumindest erst mal wieder aufmachen und dann in Ruhe an die Umbauplanung gehen", erzählt er lachend.
Weil der Hauseigentümer, das 1470-Team und am Ende auch die Feuerwehr mitziehen, steht die neue alte „14" nach wenigen Monaten besser da als je zuvor. „Das war so eine Neuerung, die ich selbst wahrscheinlich nie angestoßen hätte. Aber eigentlich hätte es nicht besser kommen können. Allein die winzige Küche war völlig aus der Zeit gefallen, das Haltbarkeitsdatum abgelaufen", sagt er rückblickend.
Das mehr als 500 Jahre alte Gebäude scheint den nicht nur kosmetischen Eingriff gut überstanden zu haben. Kein Wunder: Der Wirt legte selbst bei jedem Gewerk Hand an, riss das erste Loch in eine alte Wand, mauerte eine neue hoch, verlegte Wasserleitungen und Stromkabel. „Es ist so ein bisschen Aberglaube, aber ich wollte dem Haus einfach zeigen, dass das passt, was wir da mit ihm machen", versucht er seine enge Bindung zu der alten Dame zu erklären.
Nach knapp 30 wechselvollen Jahren in der Gastronomie, die ihn quer durch Deutschland geführt haben, ist es nun ausgerechnet die Zwickauer „14", die ihm das Gefühl gibt, einen Hafen gefunden zu haben. „Zumindest vorübergehend. Von Ankommen rede ich nicht gerne", meint er mit gerunzelter Stirn und ein wenig Trotz in der Stimme. Die zwei tätowierten 1470-Schriftzüge auf seinen Armen sprechen ihre eigene Sprache.

Die Schachtziege von Rußzwigge

Kaum etwas hat Zwickau so sehr geprägt wie der Bergbau: Die Steinkohle machte die Stadt zum wirtschaftlichen Zugpferd der Region, sicherte Tausenden Menschen Lohn und Brot. Die Arbeit war hart, brachte dafür aber ein gutes Auskommen. Generationen von „Schachtern" fuhren Tag für Tag tief in den Berg ein, um das sprichwörtliche schwarze Gold ans Licht zu holen. Grau. Schmutzig. Rußzwigge. Weiße Wäsche zum Trocknen draußen auf die Leine hängen? Nee, lass' mal lieber. Zumindest in Schedewitz, wo die Schornsteine des August-Bebel-Werks schon von Weitem grüßen. Der wenig schmeichelhafte Beiname haftet Zwickau noch an, da ist der letzte Schacht bereits verschlossen, die Kokerei in Schedewitz längst stillgelegt.
Mehr als 600 Jahre lang wurde im Zwickauer Revier Steinkohle abgebaut. Rund 230 Millionen Tonnen sind es insgesamt, als am 29. September 1978 im Martin-Hoop-Schacht der letzte Hunt gefördert wird. Heinz-Jürgen Andrä ist zu dieser Zeit Lehrling im „Viere-Schacht", wie das Werk in Pöhlau meist genannt wurde. „Mein Vater war auch schon auf dem Schacht, also bin ich nach meiner Ausbildung zum Elektriker ebenfalls eingefahren. Da wurde nicht groß drüber diskutiert", erinnert sich der Mittsiebziger. Weil er berufsbegleitend noch ein Elektrotechnikstudium dranhängt, muss er „nur" zur Früh- und Nachtschicht unter Tage. „Ansonsten gab es Dreischicht-Betrieb. Aber als Elektriker hatte ich es schon ein bisschen einfacher. Die Arbeit der Hauer, das war eine richtige Buckelarbeit." Während die Kumpels dem harten Kohleflöz in der Stoßgasse mit schwerem Gerät zu Leibe rücken – aufgrund der hohen Temperaturen bis auf Schuhe, Knieschoner und Schutzhelm nicht selten ohne einen Faden am eigenen Leib – stiefelt Andrä kilometerweit durch die ver-

zweigten Schächte, um die Anlagen auf ihre Sicherheit zu überprüfen. „Das war eine ganze Ecke, vom Martin-Hoop-Schacht bis zum Nikolayschacht in der heutigen Breitscheidtstraße und zurück“, erzählt er. Bis 1980 ist er dabei, geht dann beruflich andere Wege. Als er, inzwischen Rentner, bei der Bergparade in Zwickau in bekannte Gesichter blickt, die Kumpels von einst ihn grüßen, fängt er augenblicklich wieder Feuer. Seitdem steht „Toto“ aktiv für die Traditionspflege im Steinkohlenbergbauverein Zwickau e. V. ein. Diesen Spitznamen bekommt er als „Schachter-Kind“ beim Fußballspielen, weil er als Torwart stets eine Mütze mit einem Logo von Lotto Toto trägt. „Also hatte ich meinen Namen weg, im Vergleich hat es mich aber gut getroffen“, meint er lachend. Denn mitunter derbe Spitznamen gehören zum Alltag der Bergmänner: „Dr Ölhering“ und „dr Totengräber“, „is Bierhähnel“ und „dr Salatlatscher“, „de Pfeersau“ und „es Liesbettel“ oder „dr Kanzelscheißer“ lassen erahnen, wie herzhaft es mitunter auf dem Schacht zugeht.
Solche und viele andere Erinnerungen wollen Heinz-Jürgen Andrä und seine Vereinsbrüder wachhalten. Seit 2014 lenkt Karl-Heinz Baraniak die Geschicke, zuvor stand Klaus Hertel ein Vierteljahrhundert lang an der Spitze des Vereins. Der heutige Ehrenvorsitzende wird zu Schacht-Zeiten übrigens ebenso wenig verschont: Als „Hertel Kater“ ist er unter seinen Kameraden bekannt. „Manche Namen und Foppereien waren schon hart an der Grenze. Der ein oder andere ist regelmäßig ausgeflippt, wenn er mal wieder bei seinem Spitznamen gerufen wurde.“ Das zieht in der Regel die nächste „Anstreicherei“ nach sich. „So nannten wir das, wenn wir uns gegenseitig veralbert haben“, erklärt Toto weiter. Als junger Stift glaubt er selbstverständlich an die Schachtziege und bringt ihr, wie von den Kollegen empfohlen, unter Tage Futter – zur Belustigung der lang gedienten

Kohlekumpels, die sich beim Anblick der eingeschüchterten Neulinge mit einer Handvoll Stroh unterm Arm auf die Schenkel klopfen.

Die Legende von der Schachtziege ist nur ein Ausdruck des berühmt-berüchtigten Humors unter den Bergleuten, schreibt das langjährige Vereinsmitglied Günter Behnert in seinem gleichnamigen Buch von 1999. „Der Zwickauer schwarze Humor ist derb, direkt und geht an menschliche Grenzen. Genau diesen Charakter hat bergmännische Arbeit. Ein jeder kam mal dran und mußte Spott vertragen." Als Hauer erlebt er Witz, Ulk und Schabernack als existenzielles Gegengewicht zur harten Arbeit unter dem Druck gewaltiger Gesteinsmassen, in Wolken von Kohlenstaub, bei unerträglicher Hitze. „Zum täglichen Schachtbetrieb gehörte das Lachen wie die Luft zum Atmen", schreibt der inzwischen verstorbene Autor, der der Schachtziege insgesamt drei Bücher voller Anekdoten widmete.

Es sind genau solche Geschichten, die sich die Bergmänner bis heute erzählen. Am 4. Oktober 1989 gegründet, halten im Zwickauer Steinkohlenbergbauverein noch 115 Kameraden die Erinnerung an die Schacht-Zeit wach. Sichtbarster Teil der Traditionspflege: die alljährlichen Bergaufzüge in der Weihnachtszeit. Selbst bei frostigen Temperaturen lassen es sich die einstigen Steinköhler – die meisten inzwischen deutlich über 70 Jahre alt – nicht nehmen, in vollem Berghabit aufzumarschieren. Die Zwickauer haben in all der Zeit an etwa 300 Paraden teilgenommen, Hunderte Konzerte des Knappenchors nicht mitgezählt.

In wechselnden Arbeitsgruppen haben sich die Bergmänner Zehntausende Stunden durch die Archive gegraben, alte Dokumente gewälzt und so dazu beigetragen, die Geschichte des Zwickauer Reviers aufzuarbeiten. Ob der Grubenbrand vom 19. April 1952, mit 48 Toten zu DDR-Zeiten lange unter den Teppich

gekehrt, oder die Grubenkatastrophe vom 22. Februar 1960 mit 123 verunglückten Bergleuten – Geschehenes nicht vergessen, der Toten gedenken und dieses Wissen an die nächsten Generationen weitergeben, das ist das Ziel des Vereins.
In punkto Traditionspflege sind die Schachter schier unermüdlich: Sie haben einen Bergbaulehrpfad initiiert und ihr Know-how zur Sächsischen Kohlenstraße beigesteuert. Sie kümmern sich um den Erhalt des Bergarbeiterdenkmals am Glück-auf-Center und sorgten dafür, dass nun ein in Bronze gegossener Kum-

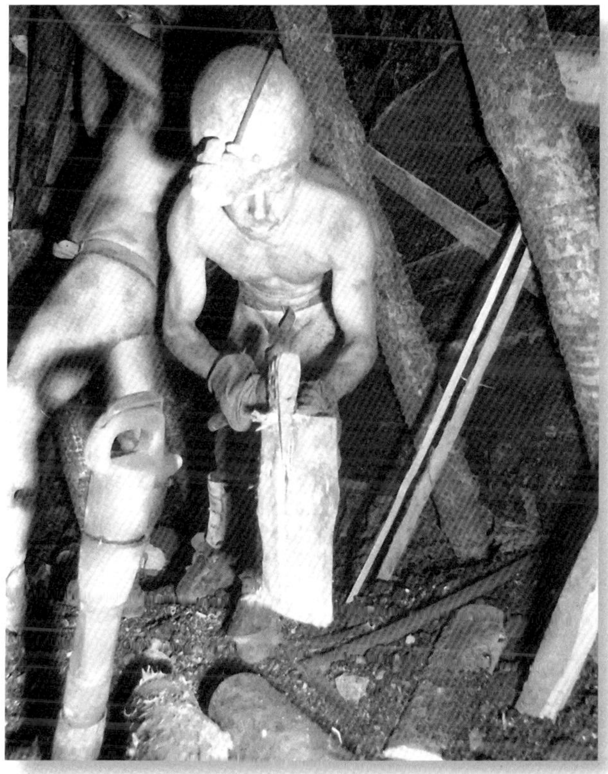

Die Hitze unter Tage war unerträglich, die Kumpels schufteten daher meistens nackt.

pel mit dem verdienten Feierabendbier auf die Paradiesbrücke blickt. In ihrer Mitgliederzeitung „Der Steinköhler" lassen sie die Bergbaugeschichte viermal im Jahr lebendig werden, verabschieden aber ebenso treue Weggefährten mit einem herzlichen „Glück auf!", wenn diese zu ihrer letzten Schicht eingefahren sind.

Warum das alles? „Unter Tage mussten wir uns in jeder Sekunde zu 100 Prozent aufeinander verlassen können, Gefahrensituationen wie Steinschlag gab es zur Genüge. Dieser enge Zusammenhalt, der wirkt bis heute nach", meint Heinz-Jürgen Andrä nachdenklich. „Der Schacht, das war unser Leben. Das war nicht nur irgendein Beruf." Diese Verbundenheit bewegt den Steiger a. D. bis heute. So ging er vor Kurzem mit einem Freund aus Kindertagen auf Spurensuche. Im Tal der Weißeritz wollen sie sehen, was aus dem einstigen Ferienlager des VEB Steinkohlenwerks Karl Marx geworden ist. Per Zug und Fahrrad zieht es die beiden alten Herren zur Stübemühle im Osterzgebirge. „Für uns war das damals das Erlebnis! Ich bin der Älteste von fünf Geschwistern, für uns Schachter-Kinder gab's eigentlich keinen Urlaub."

Aufgewachsen im grauen Rußzwigge, beeindruckt den Steppke die herrlich grüne Landschaft. „Mit dem Zug fuhren wir bis zum Bahnhof Edle Krone. Dann wurden unsere Taschen auf einen Lkw verladen, wir aber mussten die vier Kilometer bis zum Ferienlager laufen – heute wohl undenkbar", denkt er kopfschüttelnd und lächelnd zugleich zurück an unbeschwerte Kindertage. 60 Jahre später entdecken er und sein Freund zwar nur noch ein völlig verwildertes Gelände, aber nach der ersten Enttäuschung über das „verschwundene Ferienlager" kommen die alten Erinnerungen wieder hoch und mit ihnen die Freude an einem (Berufs-)Leben „auf'm Viere-Schacht von Zwigge."

Zeitreise mit einem automobilen Wegbereiter

Es gibt Momente, in denen man sich sehnlichst wünscht, die Zeit möge doch einmal stehen bleiben. So geht es zumindest Bernd Göpfert – jedes Mal, wenn er an dem blauen Horch 951 A Pullmann-Cabriolet vorbeigeht. „Das ist noch ein richtiges Auto…“, sagt er fast schon andächtig in die Stille des August Horch Museums hinein. Und beim Blick auf dieses prachtvolle Schmuckstück deutscher Automobilgeschichte kann man seine Sehnsucht gut nachempfinden. Bilder adrett gekleideter Menschen kommen einem in den Sinn: elegante Frauen im Charleston-Look, Zigarettenspitze im Mundwinkel. Ein kokettes Lächeln auf den rot geschminkten Lippen. Herausfordernder Blick. Dazu nicht minder schick herausgeputzte Herren, die bei einem flotten Swing eine noch flottere Sohle aufs Parkett legen. Ja, einsteigen möchte man in diesen 5,60 Meter langen Traum von einer Limousine! Sich einmal auf dem schwarzen Leder niederlassen und zurückversetzen in der Geschichte. „Das erste Exemplar bekam 1937 die deutsche Botschaft in Buenos Aires.“ Mit diesem Satz holt Bernd Göpfert seine Zuhörer zurück ins Hier und Jetzt. Aber nur um sie gleich wieder mit auf Zeitreise zu nehmen.

Der Zwickauer ist nicht nur bestens vertraut mit dem Leben des Autopioniers August Horch, der völlig zu Recht als der Vater des sächsischen Automobilbaus gilt. Bernd Göpfert ist August Horch! Zumindest, wenn er zweimal im Monat bei seinen öffentlichen Museumsführungen in dessen Rolle schlüpft. „Was ich an August Horch so bewundere: Er wusste genau, was er wollte. Dafür hat er auch Rückschläge hingenommen, sich durchgebissen und weitergemacht gegen alle Widerstände.“ Als Experte

August Horch alias Bernd Göpfert vor seinem Lieblingsauto im August Horch Museum: ein Horch 951 A Pullmann-Cabriolet Baujahr 1937.

ist der rüstige Rentner schon lange gefragt. Bei einer Führung durch das Automuseum erläutert er gerade die Funktionsweise eines Motorenprüfstands, den er selbst konstruiert hat, als ihn ein Besucher fragt, warum er nicht als August Horch auftritt – eine gewisse Ähnlichkeit sei schließlich vorhanden, das nötige Wissen sowieso. „An so etwas hatte ich nie gedacht, da musste ich schon erst mal ein bisschen überlegen."

Bernd Göpfert findet Gefallen an der Idee, der damalige Museumschef Rudolf Vollnhals ebenfalls und so führt August Horch seit 2004 höchstpersönlich durch das nach ihm benannte Zwickauer Museum. Weil der mittlerweile 80-Jährige ebenso Perfektionist ist wie sein historisches Vorbild, recherchiert er zunächst sehr gründlich, um sich ein eigenes Bild über den Ingenieur zu machen.

„Natürlich habe ich seine Autobiografie gelesen, mich viel mit seiner Lebensgeschichte auseinandergesetzt. Er war gut in dem was er tat. Deshalb hatte er zeitlebens auch viele Feinde."

Horch war kein ganz einfacher Zeitgenosse und das trifft auch auf Bernd Göpfert zu. „Ich nehme in meinen Führungen kein Blatt vor den Mund, rede so wie mir der Schnabel gewachsen ist. Das muss nicht jedem gefallen“, meint er achselzuckend. Insbesondere wenn Besucher die DDR-Zeit in den allerschwärzesten Farben malen, fühlt sich der Zwickauer herausgefordert. Er hat bis zur Wende viele positive Erfahrungen gemacht, das will er dem mitunter einseitigen Bild hinzufügen. So hat er zehn Jahre lang den DDR-Motorradsport entscheidend mitgeprägt, als Entwickler konkurrenzfähiger Maschinen auf Grundlage des Simson-Motors und im Auftrag des gleichnamigen VEB mit Sitz in Suhl. „Aber immer als Privatfirma“, wie er betont. Was aus seiner Sicht vor allem zählte, war Leistung. So schließt sich abermals der Kreis zum Autopionier.

Als es August Horch 1904 aus dem äußersten Westen Deutschlands eher zufällig in den Osten verschlägt, ist er die Karriereleiter bereits ordentlich emporgeklettert. Am 12. Oktober 1868 als Sohn eines Schmieds in Winningen an der Mosel geboren, erlernt er zunächst den Beruf des Vaters, obwohl er eher klein und schmächtig ist. Nach einem Studium zum Betriebsingenieur in Mittweida heuert er kurzerhand bei Carl Benz an. Nach wenigen Monaten als Assistent vertraut ihm der Erfinder des Motorwagens mit nicht einmal 30 Jahren eine wichtige Leitungsposition an. Horch aber will eigene Autos bauen, gründet 1899 in Köln seine erste Firma. Bald ist das Kapital aufgebraucht, der Erfolg lässt auf sich warten. Auf der Suche nach neuen Geldgebern landet er zunächst in Reichenbach, schließlich in Zwickau. Hier nimmt die automobile Geschichte ihren Lauf. „Sein Leben war gesegnet und reich an Höhepunkten und Erfolgen, aber auch an Tiefschlägen und Bitternis“, heißt es im Vorwort zu Horchs Autobiografie, die er mit knapp 70 Jahren schrieb. Der wohl bekannteste der nicht wenigen Tiefschläge führte am Ende zur

Gründung der Marke Audi, die im Gegensatz zur Marke Horch heute nicht nur im Museum zu finden ist.

1909 fliegt Horch quasi aus seinem eigenen Unternehmen, muss nach Streitigkeiten mit dem Finanzvorstand die von ihm gegründeten August Horch & Cie. Motorenwerke verlassen. Wenige Hundert Meter weiter stampft er eine neue Autofabrik aus dem Boden. Um die Marke „Horch" kommt es allerdings zum erbittert geführten Rechtsstreit, den der Autopionier verliert. „Wir durften den Namen August Horch nicht mehr führen, obwohl es mein eigener Name war", schreibt er in seiner Biografie „Ich baute Autos" und in diesen Zeilen klingt das Unverständnis darüber nach.

Bei einer eilig einberufenen Sitzung kommt am Ende der Sohn eines Mitstreiters auf den neuen Namen: „Vater – audi et altera … wäre es nicht richtig, anstatt Horch Audi zu sagen? Es war heraus, und wir saßen schlankweg begeistert da", erinnert sich der Automobilist. „Audi als Übersetzung des Imperativs von ‚horch' ins Lateinische! So wurde aus Horch Audi", sprudelt es auch nach all den Jahren noch begeistert aus Bernd Göpfert heraus.

Ein Schmiedelehrling, der zum Autoindustriellen aufstieg. Es ist eine Geschichte, die er nicht müde wird zu erzählen. Immer wieder fallen Bernd Göpfert neue Einzelheiten ein. Mit jedem Satz wird Horch in der Erinnerung lebendiger. „Am Ende hat er zwar kein Geld gehabt, ist als armer Mann gestorben. Aber er hatte Charakter und hat Geschichte geschrieben." An vorderster Front, wie August Horch selbst sagte: „Wenn ich zurückblicke, werde ich froh. Ich war dabei, als die ersten Automobile gebaut wurden." Und das ausgerechnet in Zwickau, das sich zuallererst Horch sei Dank heute Automobilstadt nennen darf.

Sterbehilfe, Punk und Craft Beer

Verlassen und still steht der rote Ziegelbau in einer unscheinbaren Seitenstraße. Der Weg zum ehemaligen VEB Gardinen- und Dekowerke Zwickau führt über holpriges Kopfsteinpflaster. Zufällig kommt an diesem alten Fabrikgelände niemand vorbei. Hinter den alten Mauern hat sich allerdings ein Ort entwickelt, an dem Industriekultur lebendig, anfassbar und sogar trinkbar wird. Die Kevin Brewery hat sich vom Geheimtipp für Craft-Beer-Kenner zu einer festen Zwickauer Größe gemausert. Bier gebraut wird in der Stadt zwar schon lange: Die älteste überlieferte Brauordnung Zwickaus wird auf 1348 datiert. Vor 500 Jahren wurden am rechten Ufer der Mulde mehr als 60 Bergkeller angelegt, in denen vornehmlich Bier gelagert wurde. Von der Biertradition zeugen auch die Neue Bierbrücke und die Biergasse in Sichtweite der Mauritius-Brauerei, deren Wurzeln bis ins Jahr 1859 zurückreichen. Zu DDR-Zeiten wenig schmeichelhaft als „Sterbehilfe“ verschrien, erfreut sich Mauritius inzwischen wieder recht großer Beliebtheit.

Mit der industriellen Bierproduktion am Fuße des Trillerbergs kann und will sich die Kevin Brewery allerdings gar nicht messen. Das Konzept der fünf Zwickauer Rico Püschel, Eva Adler, Denny Helmer sowie der Cousins Tino und Stefan Wäntig ist ein völlig anderes: Mikrobrauerei mit Taproom – neudeutsch für Schankraum. Wo handgemacht draufsteht, soll auch handgemacht drin sein, finden die fünf Freunde. Zwei 50-Liter-Hobbybraukessel. Dazu eine kleine Abfüllanlage, die für die rund 15000 Flaschen im Jahr entspannt ausreicht. Ein gemütlicher Tresen mit deutlichen Gebrauchsspuren, zusammengewürfelte Sessel und Stühle. Nicht nur das Bier ist bei Kevin handgemacht. Das gesamte Ambiente ist ein bisschen rau, ein biss-

chen ruppig, eben einfach passend zum Industriecharme der alten Gardinenfabrik in der Seilerstraße.
Die Entstehungsgeschichte der kleinen Brauerei ist dabei ebenso unkonventionell wie ihr Name: Eigentlich ist „Kevin" eine Punk-Rock-Band, die zwar seit Jahren keinen Proberaum mehr von innen gesehen hat, aber 2015 auf der Suche nach selbigem ist. „Da hatten wir die Idee, einen Platz zu finden, an dem wir gleich noch Bier brauen können", erzählt Mitbegründer Rico Püschel. Gemeinsam der Liebe zur Musik und zum Craft Beer frönen – das war anfangs der ganze Plan, berichten die Freunde. „Wir fanden in der Stadt für Leute wie uns um die 30 damals keine Nische mehr", meint Eva Adler. Also schaffen sie sich ihre eigene, so die Bühnenbildnerin. Das nötige Wissen eignen sich die Freunde selbst an. „Bier brauen ist Hunderte Jahre alt. Es ist ein grobes Handwerk mit irre vielen Nuancen und Schattierungen. Erst mal ist es relativ leicht zu erlernen, aber professionell und kontinuierlich auf einem sauberen Niveau zu

Fünf Freunde mit Liebe zu Musik und Craft Beer – das ist das Team der Kevin Brewery.

brauen, ist eine ganz andere Geschichte", meint Denny Helmer. Zehn Sorten vom leichten Session Pale Ale über ein Lager bis hin zum kräftigen Imperial IPA hat das Kevin-Team mittlerweile regulär im Angebot. „Hinzu kommen gelegentliche Extrakreationen wie ein mit Espresso versetztes dunkles Bier, das wir in Zusammenarbeit mit der Kaffeerösterei von André Richter am Alten Steinweg entwickelt haben", erzählt Stefan Wäntig. Er ist der einzige Angestellte bei Kevin, hauptverantwortlich fürs Bierbrauen, für den Ausschank und als das Herz der Brauerei nicht wegzudenken. Der Rest des Teams engagiert sich in der Freizeit für das erste Zwickauer Craft Beer.

Schnell wird Kevin zur angesagten Adresse für Konzerte, Partys oder Lesungen jenseits des Massenkompatiblen. Zunächst auf dem Windberg, seit 2018 in der Zwickauer Seilerstraße. Inzwischen ist die gesamte Fabrik eine Anlaufstelle für Kreative und trägt den Namen Kulturweberei. Besitzer Andreas Nabulsi, Inhaber einer Catering-Firma, kaufte das Gelände als langjähriger Mieter vom Vorbesitzer, als dieser es loswerden wollte. Per Ebay-Kleinanzeige suchte er nach weiteren Mietern und wurde förmlich überrannt. Dem ersten Künstler folgten weitere; später etliche Bands. Es kamen ein Yoga-Studio hinzu, verschiedene Sportvereine, ein Fotolabor und ein Makespace, also ein Experimentier-Raum, in dem sich unter anderem Studierende der Westsächsischen Hochschule Zwickau im kreativen Umgang mit Technik ausprobieren.

Die Kulturweberei wird – je nach Kassenlage – Stück für Stück ausgebaut. Dabei soll das historische Industrieflair bewusst erhalten bleiben. Dieses Unfertige, Nicht-Perfekte ist es auch, was die Kevins so anzieht. „Wenn Kevin größer werden würde, ginge die Leichtigkeit verloren. Das wollen wir nicht. Warum auch?!", meint Eva Adler.

Weitere Bücher aus der Region

Sachsen – Schlösser und Burgen
Petra Steps
72 Seiten, Bildband
ISBN 978-3-8313-3254-0

Sachsen – Gerichte unserer Kindhei
Rezepte und Geschichten
Ethel Scheffler, Sylke Tannhäuser
128 Seiten, zahlr. Fotos
ISBN 978-3-8313-2357-9

Aufgewachsen in Chemnitz und Karl-Marx-Stadt in den 40er und 50er Jahren
Carsten Krankemann, Anne Bergmann
64 Seiten,
zahlr. Farb- und S/w- Fotos
ISBN 978-3-8313-2381-4

Weihnachtsgeschichten aus Sachsen
Ethel Scheffler, Sylke Tannhäuser
80 Seiten, Hardcover,
zahlr. schw./w. Fotos
ISBN 978-3-8313-2932-8